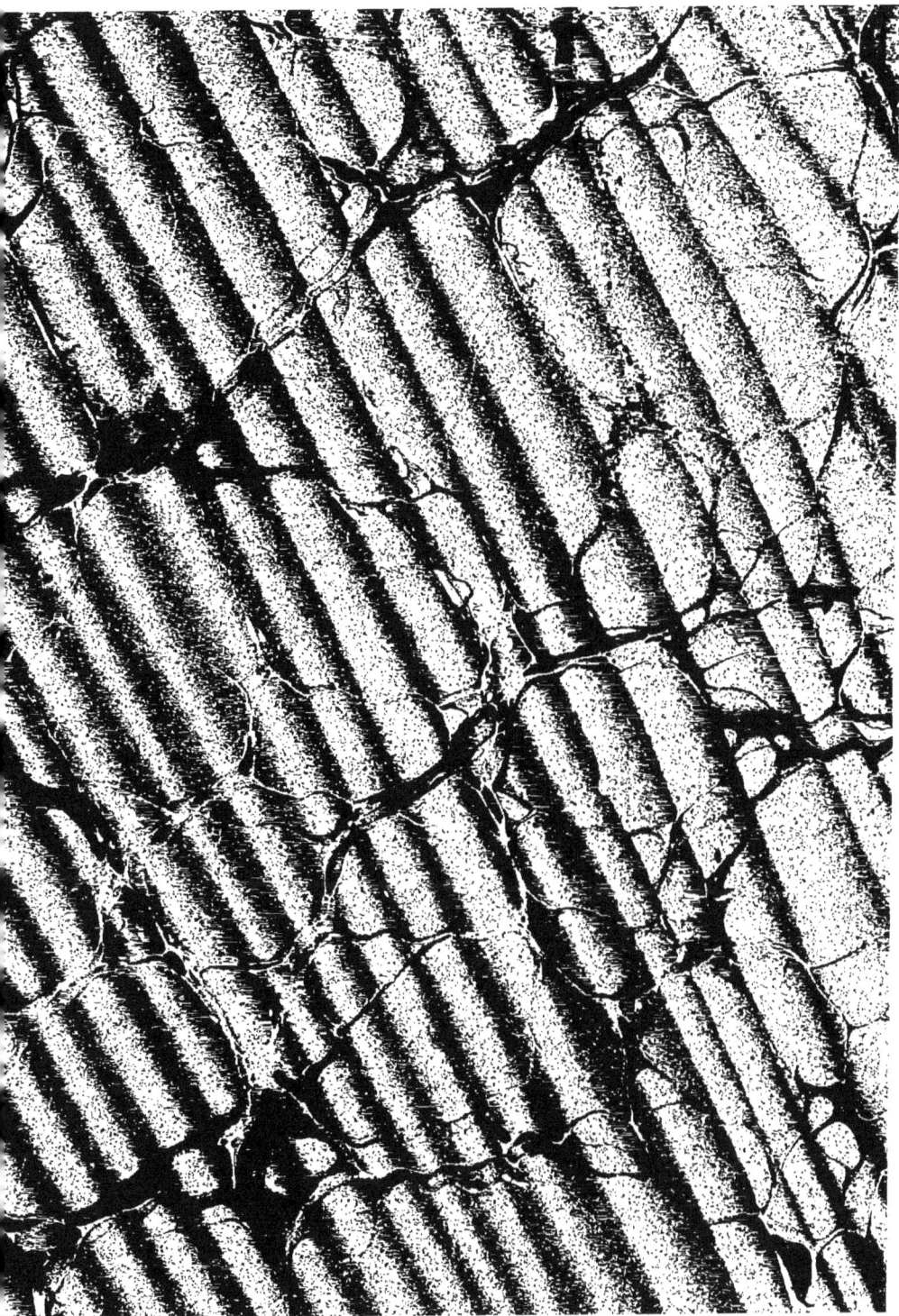

EXPÉDITION

DU LOUXOR.

D'après l'avis de M. Champollion-Figeac, nous avons adopté l'orthographe de Louxor pour désigner le bâtiment de transport, et de Louqsor pour le village où se trouvait l'obélisque.

IMPRIMERIE D'AMÉDÉE SAINTIN,
Rue Saint-Jacques, 58.

EXPÉDITION
DU LOUXOR,

OU

RELATION

DE LA CAMPAGNE FAITE DANS LA THÉBAIDE

POUR EN RAPPORTER

L'OBÉLISQUE OCCIDENTAL DE THÈBES;

PAR J.-P. ANGELIN,

CHIRURGIEN-MAJOR DE L'EXPÉDITION, CHEVALIER DE LA LÉGION D'HONNEUR.

OUVRAGE
ORNÉ DE PLANCHES REPRÉSENTANT LES PLANS D'ABATTAGE
ET LES QUATRE FACES DE L'OBÉLISQUE AVEC LES INSCRIPTIONS
HIÉROGLYPHIQUES.

DÉDIÉ

AU MINISTRE DE LA MARINE.

———◦◦◦———

PARIS,

THOMINE, LIBRAIRE,

RUE DE LA HARPE, 88.

——

1833

À Monsieur le Ministre

de la Marine.

Monsieur le Ministre,

Porté sur les rives de la Thébaïde
par un vœu que le Conseil de santé
a bien voulu confirmer, je n'ai pu
résister au besoin de consigner des
souvenirs qui, par leur importance,
avaient le droit de se perpétuer.

L'intérêt naturel d'un pays historique, si glorieusement exploré dans un autre temps par la valeur française, les difficultés d'une navigation inaccoutumée, les efforts inouïs développés pour ravir à cette terre oubliée un de ses monuments les plus curieux, enfin le contraste frappant des mœurs antiques avec celles d'un présent si déchu, tout se réunissait pour rendre ce voyage aussi imposant que pittoresque.

Cette conquête paisible, dont

l'humanité n'a point eu à gémir,
cette conquête faite par la science
sur la barbarie, si elle n'a point
rehaussé l'éclat de nos armes, elle
a du moins ajouté à la considéra-
tion méritée dont jouissent notre
génie et notre marine.

A qui pourrais-je offrir l'hom=
mage de cette véridique Révélation,
si ce n'est à celui qui, par ses talents militaires et par ses vues
administratives, soutient si digne=
ment l'honneur du pavillon fran=
cais.

Agréez l'expression du profond respect et du dévouement sans bornes avec lesquels j'ai l'honneur d'être,

Monsieur le Ministre,

Votre très humble et très obéissant serviteur,

Angelin.

EXPÉDITION

DU LOUXOR.

Dans un climat lointain, sous le ciel brûlant d'Afrique, entre les flots de la mer Rouge
et les sables du désert, s'étend un pays jadis
florissant, aujourd'hui morne, abandonné.
Là quelques hommes presque nus, dégra-
dés par l'esclavage, rongés par la détresse,
rampent plutôt qu'ils ne marchent sur des
ruines antiques, stériles monuments de la
splendeur de leurs pères. Le voyageur jeté sur
ces plages, à l'aspect d'immenses colonnes
couchées sur le sol, de longs obélisques en-
vahis par les sables, d'une multitude de
sphynx mutilés, salue avec respect ces augus-
tes lambeaux d'une grande ville ensevelie
dans ses décombres. Il se demande quel peu-

1

ple, à une époque voisine des premiers siècles, a pu concevoir et enfanter une architecture aussi gigantesque. Mais bientôt, in-
terrogeant de plus près ces éloquents débris,
ils lui apprennent que là, dans des temps très
éloignés, vivait une nation éclairée et guer-
rière; que là régnaient les Pharaons, et entre
autres ce grand Sésostris, instruit dès ses premiers ans dans l'art des conquêtes; Sésostris
qui, remplissant sa glorieuse mission, vint,
après un long voyage belliqueux, orner et enrichir ce point de la terre des dépouilles de
tout le monde connu.

Thèbes! ce nom seul réveille le souvenir de
toutes les gloires; Thèbes, le berceau des
arts et des sciences, où commandèrent pendant des siècles les puissants rois de l'É-
gypte, Thèbes est aujourd'hui couchée dans
la poussière. Parmi ses fûts brisés, ses por-
tiques dévorés par le temps, sont jetées quelques cabanes de pauvres Arabes qui ignorent
jusqu'au nom de la plus célèbre des villes.

Depuis cette grande catastrophe, des peuples, marchant sur les traces de Thèbes, ont
aspiré et ont réussi à répéter sa splendeur; et,

par une sorte d'hommage religieux rendu à la cité-modèle, à la première des nations, ils ont voulu recueillir dans leur sein quelques fragments mémorables de cette ancienne capitale du monde.

Parmi les monuments qu'ils ont surtout enviés et qu'ils se sont plu à dérober aux derniers outrages du temps, il faut citer ces immenses obélisques qui ont, pour ainsi dire, fatigué son bras destructeur.

Ces pyramides, dont la hauteur n'est guère moindre de 70 à 80 pieds, ont été, il y a trois mille ans, taillées d'une seule pièce et pour ainsi dire à vif dans des carrières du plus beau granit. Il a fallu tout le génie des Égyptiens d'autrefois, toutes les ressources d'une science mécanique perfectionnée, pour les en tirer avec succès ; il a fallu tout le talent de la sculpture pour leur imprimer ce cachet d'élégance et de perfection qui en fait les monuments les plus surprenants de l'antiquité.

On s'est demandé ce que signifiaient ces emblèmes magiques, ces signes mystérieux qui revêtent leurs quatre faces. Les antiquai-

res nous répondront que les Égyptiens pla-
çaient devant leurs temples et leurs palais ces
monolithes géants comme de grands signaux
qui les distinguaient des habitations particu-
lières. Tel était le but de ces longues aiguilles,
sur les pans desquelles le nom du roi qui avait
élevé le palais, ou du dieu auquel on consa-
crait le temple, était écrit en caractères hiéroglyphiques.

Deux savants qui les ont interprétés à des
époques fort éloignées, le Grec Hermapion et
notre illustre compatriote M. Champollion,
se sont parfaitement rencontrés sur le sens de
ces inscriptions sacrées.

Ces vénérables obélisques ont commandé
le respect et l'admiration à tous ceux qui les
ont visités; ils ont vu tomber devant eux la
fureur de Cambyse, qui fit arrêter à Thèbes
l'incendie prêt à les dévorer. Auguste, plus
généreux, ne se contenta pas de les respec-
ter : il conçut le projet de leur donner asyle
au sein de Rome, digne héritière de la gloire
égyptienne. Un vaisseau immense, construit
dans ce but, rapporta deux obélisques dont
l'un fut placé dans le grand cirque et l'autre

dans le Champ-de-Mars. L'architecte de Ptolémée - Philadelphe n'imagina rien de mieux,
pour mettre une de ces pyramides à flot sur
le Nil, que de creuser un canal à partir de ce
fleuve jusqu'à la base du monument, où deux
bateaux, par un moyen aussi long que dis-
pendieux, le portèrent sur le Nil, puis dans
Alexandrie.

Caligula, imitant Auguste, fit transporter
à Rome un troisième obélisque, et le navire
ou radeau dont il se servit était tellement
vaste, qu'il suffit, sous l'empereur Claude, à
la fondation d'un des côtés du port d'Ostie.

L'empereur Constantin, enchérissant encore sur ses prédécesseurs, voulut doter
Byzance d'un des plus grands obélisques de
Thèbes. Il parvint à le faire arriver jusqu'à
Alexandrie ; mais après sa mort, la destina-
tion de la pyramide étant changée, un radeau
immense, conduit par trois cents rameurs,
fut destiné à la transférer jusqu'à Rome. La
plus grande difficulté ne fut point dans le
trajet de la Méditerranée, mais au passage
de l'embouchure du Tibre. Il manquait là
un Archimède, et il ne fallut rien moins que

plusieurs milliers d'hommes, avec le secours
de solives, de cordes, de câbles, d'un nombre et d'un appareil à obscurcir le ciel, pour
réussir à dresser le monument sur sa base.

Enfin Théodose, voulant réaliser le projet
de Constantin, parvint à ériger un autre obélisque à Byzance. L'imperfection des moyens
employés à son érection, puisqu'on y consa-
cra trente-deux jours de travail et l'appareil
le plus compliqué, prouvent évidemment que
la science mécanique des Égyptiens était alors
tout-à-fait perdue.

Ainsi, nous avons vu Rome et Byzance se
disputer l'honneur de donner une illustre
hospitalité à ces antiques débris d'un grand
peuple. Et nous aussi, nous Français, dont
la gloire militaire a rivalisé avec celle de Thèbes, nous qui récemment avons eu aussi
notre Sésostris, nous réclamons aujourd'hui
notre part de ce butin scientifique. Il était
digne du grand homme qui a conquis l'É-
gypte, et qui depuis a donné des lois à l'Europe, de concevoir le premier, parmi les
modernes, l'idée de rendre à ces obélisques
l'existence et la gloire. « Son armée triom-

« phante, dit M. Delaborde, après avoir salué
« par une victoire les pyramides, s'avança
« vers Thèbes; mais là elle s'arrêta tout-à-
« coup, et battit des mains à la vue des admi-
« rables monuments qu'elle aperçut. Dans
« son enthousiasme, elle aurait voulu les
« transporter tous dans la capitale, avec les
« drapeaux des ennemis qu'elle venait de
« vaincre, ou du moins en présenter quel-
« ques fragments à l'admiration publique;
« mais la guerre avec l'Angleterre intercep-
« tait toute communication. Trente ans se
« sont écoulés après la prise de possession de
« cette terre célèbre, et rien de grand ne se-
« rait resté de cette expédition, si l'idée n'é-
« tait venue enfin de transporter en France
« un des obélisques. A qui appartient cette
« idée? nombre de personnes distinguées se la
« disputent; mais l'honneur principal est à
« ceux qui, si habilement, si heureusement,
« viennent de la mettre à exécution, et la ma-
« rine française en réclame tout le mérite.

« Les difficultés étaient grandes : il fallait
« d'abord construire un bâtiment qui fût as-
« sez spacieux pour contenir l'obélisque, as-

« sez profond pour tenir la mer, et cependant
« tirant assez peu d'eau pour descendre et re-
« monter des rivières telles que le Nil et la
« Seine.

« Il fut décidé en 1829 que l'on construi-
« rait à Toulon le bâtiment de transport, qui
« fut appelé le *Louxor*, nom du village qui
« couvre les ruines de Thèbes. M. Verninac,
« lieutenant de vaisseau, en eut le comman-
« dement, et les opérations concernant l'a-
« battage et le transport du monument furent
« confiées à M. Lebas, ancien élève de l'École
« Polytechnique et ingénieur de la marine.
« Tous les deux, comme on va le voir, s'ac-
« quittèrent de leur mission avec autant d'ha-
« bileté que de persévérance. »

Maintenant, s'il est permis à l'auteur de cet
écrit, qui jusqu'à présent s'est effacé derrière
la grandeur de son sujet, de se mettre lui-
même en scène, il va le faire dans l'intérêt du
récit, qui gagnera par là une couleur de vérité tout-à-fait locale.

Au mois de février 1831, on armait donc
dans le port de Toulon l'allége, ou portefaix,
le Louxor, destiné à ramener de Thèbes un de

ces célèbres obélisques. La nature de cette mission scientifique, qui occupait alors toutes les bouches, excita en moi le désir de partager l'honneur d'une si noble entreprise. Le nom de Thèbes éveillait dans mon imagination des souvenirs d'antiquité et de gloire si pressants, que je résolus de tenter tous les moyens d'être admis à faire partie de l'équipage. Mon projet n'était pas sans difficulté : j'étais destiné, en ma qualité de chirurgien-major, pour une autre et prochaine expédition, et déja le chirurgien choisi pour l'Égypte était placé sur le navire *le Louxor*. Il ne me restait donc plus que la chance de permuter avec lui; les dangers dont certains esprits timorés entouraient ce voyage, les sombres pronostics qu'ils faisaient naître, me donnèrent des espérances. Je me décidai donc à lui en faire la proposition; et quel que fût le motif qui le détermina, j'eus la joie de l'y voir consentir. Le conseil de santé voulut bien approuver cette mutation, que je considérai comme une grande faveur.

L'allége *le Louxor* fut construit, avec intention, en bois blanc et de rebut, conditions

essentielles de sa légèreté. Son équipage,
commandé par M. le lieutenant de vaisseau
Verninac, était composé de cent vingt hommes, de seize ouvriers de différentes profes-
sions tirés de l'arsenal, et d'un maître pour
diriger les travaux, sous la surveillance de
M. l'ingénieur Lebas.

Toutes les dispositions étant prises, le navire
appareilla de Toulon le 15 avril 1831.

Nous fûmes d'abord favorisés par une jolie
brise de nord-ouest jusque par le travers de
Malte. Là un assez violent coup de vent de
sud-est souleva une forte houle qui nous fatigua beaucoup; cependant, bien que construit à plates varangues, et par conséquent
peu propre à la navigation, notre bâtiment
soutint sa voilure sans trop fléchir. Le 21, une
brise d'ouest nous poussa jusqu'en vue de
Maritimo, où des vents d'est nous forcèrent à
tenir la cape pendant tout un jour et toute
une nuit. Le roulis était si fort, qu'on aurait
dit que le bâtiment allait s'engloutir. Le lendemain, la mer s'embellit, et les vents qui
varièrent nous permirent de gagner du chemin. La nuit du 25 au 26 fut moins heureuse,

elle nous rendit le vent d'est, et nous nous
vîmes de nouveau ballottés par le roulis. Le
29, nous nous trouvâmes à la hauteur de
Candie; une jolie brise de nord-ouest nous
faisait filer sept nœuds à l'heure (deux lieues
un tiers); la mer était si belle, qu'on aurait
cru le navire au mouillage. Pour profiter de
ce temps favorable, on mit toutes les voiles
dehors. Des nuées d'oiseaux, telles que cail-
les, tourterelles, éperviers, étaient venues
durant notre navigation s'abattre et se repo-
ser sur les vergues du bâtiment : « Pauvres
oiseaux, me disais-je, quelle conformité rap-
proche votre sort du mien! Comme moi vous
traversez les mers ; vous vous aventurez pour
trouver votre pâture , et peut-être aussi
comme moi les flots vous engloutiront ! Mais
du moins l'océan et les dangers ne vous sépa-
rent pas des objets qui vous sont chers; tandis que moi, chaque souffle du vent m'emporte loin de ce que j'aime pour long-temps ,
peut-être pour toujours! vos ailes franchis-
sent la Méditerranée; mon cœur a des ailes
aussi, mais c'est pour voler vers mon pays. »
Pendant que je m'abandonnais au sentiment

à propos des oiseaux voyageurs, un roulis sous lequel craquait le navire, une grosse plaisanterie d'un matelot, un juron du maître d'équipages, m'arrachaient à mes rêves mélancoliques, et je redevenais homme de mer. Enfin, le 3 mai, le vaisseau, toujours porté par son bon vent, entra dans le port d'Alexandrie.

Cette ville, qui n'a de magnifique que le nom, est bien déchue de son ancienne splendeur, et si ce n'était sa position avantageuse et son vaste port qui entretiennent sa prééminence sur toutes les villes commerçantes de l'Égypte, elle ne laisserait peut-être aujourd'hui, ainsi que Thèbes, qu'un vain souvenir. Le choix qu'en a fait Méhémet-Ali pour sa résidence suprême, et l'importance qu'a acquise son arsenal, par les soins éclairés de notre savant compatriote, M. Cérisi, lui donnent un certain éclat. Le quartier Franc s'est embelli de plusieurs édifices que nos villes d'Europe ne désavoueraient pas, et si les jours du pacha qui règne aujourd'hui avec gloire sur l'Égypte se prolongent encore de quelques années, les soins qu'il prend pour la

rendre à son premier lustre en feront une
ville tout-à-fait florissante.

La ville moderne d'Alexandrie est bâtie sur
une espèce de promontoire sablonneux formé
par la mer, le long de l'ancien môle qui joignait autrefois le Pharos au continent. Elle
offre deux ports, l'ancien et le nouveau : celui-ci est dangereux à cause de son fond ro-
cailleux; l'autre est vaste, et son mouillage
est d'une bonne tenue. Les rues d'Alexandrie
ne sont point pavées, ce qui, joint à leur
étroitesse et au peu de soin des habitants, les
rend sales, d'un abord désagréable et d'une
habitation malsaine. Les maisons sont en général construites en maçonnerie et portent
deux étages. Sa population, qui monte au
plus à 25,000 ames, se compose de mahomé-
tans de divers pays, de chrétiens grecs, d'Ar-
méniens et de Juifs. La ville d'Alexandrie a
autant dégénéré au moral qu'au physique;
ses habitants, comme ceux de toute l'Égypte,
si célèbres autrefois par la sagesse de leur po-
litique et leur amour pour les sciences, sont
aujourd'hui fourbes, avares, vindicatifs, d'un
fanatisme et d'une ignorance tout-à-fait bar-

bares; cet état d'avilissement est l'effet nécessaire du gouvernement despotique qui a jusqu'ici pesé sur eux.

La langue usuelle du pays est l'arabe ; mais
on y parle aussi le turc et l'italien.

Parmi les anciens monuments qui ont ré-
sisté aux outrages du temps, il faut signaler
les aiguilles de Cléopâtre, dont une seule est
restée debout, et la colonne de Pompée, dont
la hauteur connue est d'environ trente mètres. Il existait jadis un grand nombre de ci-
ternes pour la conservation des eaux du Nil
après la décroissance annuelle de ce fleuve;
mais, faute d'entretien, elles se sont presque
toutes comblées par les atterrissements, et l'on
n'en compte guère plus aujourd'hui qu'une
douzaine. Quant aux environs, dont le sol
est sablonneux et pierreux, ils sont d'un aspect triste, et il faut s'éloigner de la ville à
une certaine distance pour rencontrer de jolis
jardins qui, par leurs dattiers, leurs citronniers et leurs orangers, charment à la fois l'o-
dorat et la vue.

Après une station de douze jours dans
cette ville, nous appareillâmes le 15 juin à

huit heures du matin avec une jolie brise
d'ouest pour aller franchir l'embouchure du
Nil, près de Rosette. Ce point est d'un passage difficile à cause du banc que forme ce
fleuve, en y amoncelant les sables qu'il charrie. On donne le nom de *Bogaz* à ce banc, qui
est d'autant plus dangereux que, sous le coup
des ouragans, il change souvent de place. On
verra, à la fin de cette relation, combien, lors
de notre retour, cette mobilité faillit nous
devenir funeste. La mer était houleuse, et notre bâtiment fatiguait; le brick de l'état *le*
d'Assas nous donna la remorque, et à six
heures du soir nous jetâmes l'ancre vis-à-vis
le Bogaz de Rosette, dont nous venons de
parler, et dont l'abord est si périlleux. Ce ne
fut que le lendemain à dix heures du matin
que nous nous décidâmes à le franchir : le
vent de nord soufflait avec violence; la mer
était grosse et lourde; le bâtiment, qui
éprouva plusieurs fortes secousses, eut pendant trois minutes sa quille échouée contre le
sable du Bogaz; mais les manœuvres intelli-
gentes et actives de notre capitaine parvinrent
à le dégager de ce dangereux passage. Notre

joie fut grande, et rien ne la surpassa peut-
être, si ce n'est l'étonnement des habitants du
pays : ils avaient jugé impossible qu'un navire aussi grand que *le Louxor* pût entrer
dans le fleuve, et l'intérêt que leur inspirait
notre audace les avait attirés en foule sur le
rivage. Notre succès leur parut comme mira-
culeux, et tous s'écrièrent à l'envi : « Il n'y a
que des Français qui soient capables d'une
entreprise aussi hardie. »

Nous voguions dans le Nil, lorsque, à peu de
distance de l'embouchure de Rosette, nous
fûmes salués de onze coups de canon par le
fort qui se trouve sur la rive gauche; même
honneur nous fut rendu à un mille plus loin
et sur la même rive. A défaut d'artillerie, nous
répondîmes à ces deux saluts par des cris
d'allégresse et par une invocation aux dieux
de l'antique Égypte, qui semblaient sourire
à notre expédition. Il était une heure de l'a-
près-midi lorsque nous jetâmes l'ancre devant Rosette, nommée *Raschid* par les Arabes. Cette ville, située sur la rive occidentale
et à neuf milles de l'embouchure du fleuve, a
une lieue de long et un quart de large. Elle

est plus grande, plus jolie, plus aérée qu'A-
lexandrie, et l'emporte aussi sur cette dernière par sa propreté; mais sa population
n'étant que de dix à douze mille ames, les
murs en paraissent comme déserts. Au surplus, la sérénité et la pureté de son air, la
douce température de son ciel en font, dans
ces contrées malsaines, une ville remarquable
par sa salubrité, et les médecins du Caire
n'hésitent pas à y envoyer les malades pour y
confirmer leur convalescence.

A quatre heures de l'après-midi, tout l'é-
tat-major, en grande tenue, alla faire une visite de corps à M. Camps, agent consulaire de
France; le lendemain, même visite au *mahmourt*, ou gouverneur de la ville, qui, sans
quitter son divan, nous reçut avec beaucoup
d'affabilité et nous combla de politesses à l'o-
rientale : il sut, comme tous les Turcs, dé-
ployer ces manières agréables tout en conser-
vant son air grave et imposant.

Le vice-roi nous avait lui-même reçus à
Alexandrie avec cette aménité qui lui est si
habituelle à l'égard des Français, et à laquelle
son âge vénérable ajoute encore de la grace.

2

Pour nous continuer cette faveur dans ses re-
présentants, il avait écrit à tous les *mahmourts*
de la Basse et de la Haute-Égypte, de nous accorder aide et protection ; aussi celui de Rosette nous offrit-il ses services de toute nature,
dont plusieurs furent acceptés par nous. Nous
retrouvâmes sur toute notre route la même
cordialité, qui n'a pas peu contribué au bonheur de notre voyage.

Le 20, MM. Lebas, ingénieur, Jaurès, lieutenant de frégate, et Pons, mon second chirurgien, prenant les devants, partirent de
Rosette pour se rendre à Thèbes, accompa-
gnés de douze marins et des ouvriers du port :
ils s'embarquèrent sur les bateaux que nous
avions affrétés pour transporter le matériel
nécessaire à l'enlèvement de l'obélisque. On
sait déja que la direction des travaux relatifs
à cette entreprise avait été confiée au talent
de M. Lebas.

Les environs de Rosette sont ombragés
d'immenses forêts de dattiers, de bananiers,
d'orangers et de citronniers qui embaument
les airs. Le feuillage des arbres y est si touffu,
que le soleil ne peut le pénétrer. Ses jardins

sont arrosés de nombreux ruisseaux qui y portent la vie en même temps qu'une douce fraîcheur, si précieuse en Égypte.

Durant notre séjour en cette ville, la température n'excéda pas 22 degrés de Réaumur. Quant au vent, il variait du nord au nord-ouest.

Avant de parler des villes qui bordent les rivages du Nil, je crois devoir dire quelques mots sur ce fleuve. Au rapport des voyageurs, il prend sa source au sud de Darfour, dans les montagnes du Donga ou de la Lune, vers le 10° degré de latitude nord et le 39° de longitude est. Après avoir traversé le Cardofan, le Sennaar, reçu le Tagare et arrosé le Dongola, il entre en Égypte par la Nubie, où il forme plusieurs cataractes qui ne doivent leur importance qu'à l'exagération des voyageurs. Ce fleuve, à qui l'Égypte emprunte sa fertilité, se jette, après un cours d'environ huit cents lieues, dans la Méditerranée par plusieurs embouchures, dont les deux principales sont celle de Rosette et celle de Damiette.

Trois espèces d'embarcations servent à la navigation de ce fleuve : les agabas, bateaux

plats qui ne calent que trois pieds environ, et
qu'on emploie au transport des marchandises
pendant les basses eaux ; les jerms, destinés
au même usage, et qui ne naviguent que pendant la crue ; enfin les canges, qui sont spécia-
lement consacrées aux voyageurs. Ces canges,
d'une construction toujours commode, ont
souvent en outre une magnificence qui rend
sur le Nil leur aspect des plus agréables. Ce qui
désenchante quelquefois les passagers, c'est la
rapine des Arabes : elle est telle, que souvent au
réveil on ne retrouve plus à ses côtés les har-
des et l'argent qu'on y avait déposés la veille.
L'Arabe qui a médité le dessein de dévaliser
une cange, la suit de loin avec son embarcation,
et dès que le moment opportun, favorisé par
la chute du jour, est arrivé, il s'approche du
navire, se jette à l'eau, monte adroitement
dans la cange par le gouvernail, et enlève avec
la rapidité de l'éclair tout ce qui lui tombe
sous la main. C'est ainsi que dans le courant
de l'année 1832, trois Arabes dévalisèrent
M. Linan, ingénieur français, au service du
pacha, qui remontait le Nil en compagnie de
M. Bonhomme, peintre anglais. Le mahmourt

de Ghéné, qui parvint à s'emparer de ces Arabes, jugea à propos de les faire décapiter.

Malgré ce désagrément, les voyages par canges ne sont pas moins fréquents, et il est rare que lorsqu'on se trouve dans une ville des bords du Nil on ne soit pas tenté de le parcourir, tant pour connaître un fleuve aussi célèbre que pour se livrer aux savantes méditations qu'inspirent naturellement ces rivages historiques. Souvent cette cange riche et brillante se croise avec le frêle radeau qui porte toute une famille de malheureux Arabes. Espérant trouver dans la Basse-Égypte un peu plus d'aisance, ils abandonnent au courant leur chétive embarcation, et s'aperçoivent bientôt, en touchant cette terre de tyrannie et de malédiction, qu'ils n'ont fait que changer d'infortune.

C'est sur de pareils radeaux que l'habitant de Ghéné vient vendre ses poteries le long du Nil : son œil est sombre et la souffrance est empreinte dans ses traits ; il ne rompt pas, comme le conducteur de la cange, par des chants vivement cadencés, le silence majestueux du fleuve ; il ne fait pas entendre à son arrivée les sons bruyants du bignon [1]. Pour lui, le cours du fleuve est assez rapide : que lui importe d'arriver sous les riants vergers de Rosette, ou sur les sables brûlants de la Thébaïde! Dans le désert ou dans le Delta, il est toujours l'homme du malheur.

Mais un peu moins infortuné, l'Arabe de la cange chante et suit la mesure avec sa rame; et dès qu'une brise favorable lui permet de faire voile, il suspend et sa rame et ses chants pour faire résonner son bignon. C'est surtout à l'approche du port qu'il bat de cet instrument, pour signaler avec joie le terme de son voyage.

Au rapport de tous ceux qui ont écrit sur le Nil, la crue commence à se faire sentir du 15 au 20 juin, et se continue jusqu'au 20 septembre. Quant à moi, j'ai été témoin, dans l'année 1831, qu'elle a débuté dès les premiers jours de juin, tandis qu'en 1832 elle n'a été sensible qu'au 1er juillet.

A l'époque de son inondation, le Nil a dix et même quinze pieds de haut; mais comme

___

[1] Espèce de tambour en terre cuite.

son fond est très variable par la grande quantité de sables qu'il charrie, les barques
échouent ou se renversent sur ce fond per-
fide, source assez fréquente d'accidents dé-
plorables.

Pendant notre séjour à Thèbes, au mois de
novembre 1831, nous donnâmes l'hospitalité
à deux jeunes Anglais, victimes d'une pareille
disgrace, qui ne durent leur salut qu'à leur
habileté à nager.

Le Nil a sa direction du sud au nord; ses
eaux dessinant un grand nombre de contours, il revient souvent sur lui-même. Quant
à sa largeur, elle est nécessairement très variable : dans plusieurs endroits, elle n'a que
cent cinquante pieds; mais dans les grandes
crues on pourrait en compter jusqu'à mille;
alors il couvre toute la campagne. Pour l'y
retenir plus long-temps, l'Égyptien ferme ses
champs par de petites digues. Après la re-
traite, le terrain est quelquefois si imbibé
qu'on s'y enfonce jusqu'à mi-corps.

Le lit du Nil est formé d'un limon qui contient tous les éléments d'une végétation active
et vigoureuse : les carbonates et les bases de

magnésie et d'alumine s'y trouvent en abondance. Ce fleuve, quoique infesté de crocodiles, ne laisse pas d'être extrêmement poissonneux. Parmi les produits de sa pêche, j'ai
distingué le boulty, le guicher et le belnith,
poissons à chair fort délicate. L'eau du Nil est
légère et très potable, surtout au-dessus du
Caire; je l'ai trouvée meilleure encore pendant la crue, bien qu'alors elle soit chargée
d'une teinte verdâtre. Le courant de ce fleuve
est de quatre nœuds et demi à l'heure (une
lieue et demie). Sa navigation peut se faire en
tous temps, depuis la mer jusqu'à Assouan,
dernière ville de l'Égypte, au-dessus de laquelle on est arrêté par la première cataracte.

Le 7 juillet, les eaux étant assez hautes
pour permettre à notre bâtiment de naviguer,
nous quittâmes Rosette, cette ville charmante où la nature semble avoir déployé toutes ses richesses. En nous en éloignant, nous
eûmes encore occasion de jouir du coup d'œil
enchanteur de ses vertes campagnes, où domine le riz, principale nourriture de l'Égypte.

Le soir nous mouillâmes devant Foüa, ville
située à cinq lieues de Rosette, et qui rivalise

avec elle par sa beauté et par le charme de ses alentours.

Lorsqu'on a passé le village de Rhamanié, les sables du désert envahissent le sol jusqu'à la rive gauche du Nil ; alors la campagne se présente nue et aride ; l'horizon n'offre plus qu'un plan continu et monotone. Adieu les riants aspects du Delta ! l'ame du voyageur, par le contraste des beautés qu'il a perdues et du désert qui le presse de toutes parts, tombe dans une sorte de mélancolie involontaire. Le 8, nous fîmes une pause à Cafrenbaki ; le lendemain à Néguillé ; le 10 à Nadir ; le 11 à Kempsin ; le 12 à une lieue plus haut, et le 13 nous mouillâmes au port du grand Caire, appelé Boulak. Là on retrouve les beautés pittoresques que nous avons décrites, et la joie qu'on éprouve de les revoir dédommage de la tristesse où l'ame a été plongée.

Avant d'arriver au Caire, et à quatre lieues de cette ville, on aperçoit les fameuses pyramides d'Égypte, que nous nous proposâmes de visiter,

Ces monuments, devant lesquels nos drapeaux victorieux se sont inclinés il y a quarante ans , remuèrent délicieusement notre amour-propre national.

Boulak est une ville assez grande, d'environ douze mille habitants ; elle est située sur la rive orientale du Nil, et reçoit les navires qui remontent ce fleuve. Plusieurs jolies maisons de campagne, appartenant aux principaux de la ville ou à quelques beys du Caire, charment ses environs. Les bâtiments qui viennent de la Haute-Égypte mouillent dans le port du grand Caire.

Le 14, à quatre heures du soir, quatre personnes de l'état-major et moi partîmes de Boulak pour aller visiter les pyramides de Gizé, distantes du Nil de trois lieues. Après trois heures d'une marche pénible sur un terrain crevassé, nous arrivâmes au pied de la plus grande. Il était sept heures, et le soleil couchant colorait encore la plaine d'une teinte rougeâtre ; les ombres de ces monuments se projetaient au loin, et tout dans ce moment semblait se réunir pour apprendre à l'homme sa faiblesse et son néant : l'orgueil des Pharaons était tombé dans la poussière ; les traces du géant qui naguère vainquit l'É-

gypte étaient effacées ; ces paroles sublimes :
« Du haut de ces pyramides, quarante siècles
nous contemplent ! » n'avaient plus d'écho
pour les répéter. Ces lieux, ces pyramides et
cette époque du jour avaient leur éloquence,
mais pour nous apprendre qu'ici-bas tout est
vanité.

La nuit venue, nous nous disposâmes à la
passer au bivouac. Nous ne pouvions nous en
plaindre ; cela nous rappelait que nos soldats
y avaient fait bivouaquer la victoire. Chacun
de nous raconta ce qu'il savait de la mémora-
ble expédition d'Égypte, et le soleil, à son retour, nous surprit dans nos rêveries philoso-
phiques et nos souvenirs de gloire.

La première pyramide, en partant du
nord, est la plus élevée ; elle porte le nom de
Chéops ; sa hauteur perpendiculaire est d'environ six cents pieds ; chaque face a également
six cents pieds de largeur à sa base. Vers sa
sommité, elle est taillée en degrés, et bien
qu'elle paraisse finir en pointe, elle est cou-
ronnée par une plate-forme de cent vingt
pieds de circonférence ; chaque face de la première pyramide est formée de deux cent sept

pierres tendres qui ont, terme moyen, deux pieds neuf pouces de hauteur et trois pieds dix pouces de largeur. Il nous fallut deux heures pour la visiter, tant extérieurement qu'intérieurement. L'extérieur n'a guère de curieux que l'effet de sa masse; mais l'intérieur, qui est en granit rouge, mérite plus d'éloges. Il est impossible d'y pénétrer sans lumière, et en outre la montée en est si rapide, qu'il est indispensable de se faire conduire par des Arabes, qu'on trouve toujours à cet effet sur les lieux.

Deux rotondes, un puits très-profond et un sarcophage dégradé, sont les objets qui, durant notre visite, fixèrent surtout notre attention.

On trouve encore à Gizé trois autres pyramides, qui sont distantes de trois cents pas l'une de l'autre et de la première. La seconde est presque égale à celle-ci pour la hauteur; mais les deux autres sont d'une dimension beaucoup plus petite. Dans toutes, les quatre faces répondent exactement aux quatre points cardinaux. Vers la partie est des deux pyramides les plus méridionales, on trouve une

tête de sphinx d'une grosseur gigantesque ;
elle n'est pas sans effet, mais il est à regretter
qu'elle soit mutilée. Plusieurs autres pyramides sont dispersées dans ces plaines ; elles sont
toujours construites sur le même plan, et n'en
diffèrent que par les proportions.

Quant à leur usage, ces pyramides paraissent avoir été destinées à servir de sépulture
aux rois d'Égypte et à perpétuer leur mé-
moire. Dans ce sens, ce sont de purs monuments de l'orgueil qui ont manqué leur effet :
les noms des rois sont oubliés, les tombeaux
seuls vivent encore.

En somme, et pour résumer notre avis sur
ces colosses d'architecture, malgré les pom-
peux éloges des anciens, répétés complaisam-
ment par les modernes ; bien que les premiers
les aient fastueusement comptés parmi les
sept merveilles du monde, j'oserai dire que
tant du côté de la difficulté vaincue que du
côté de l'effet, amoindris l'un et l'autre par
l'extension des bases, ils doivent le céder à
nombre de monuments des siècles posté-
rieurs.

Le Caire, capitale de l'Égypte moderne, est

situé vers le 3o° degré de longitude est, et le
28° de latitude nord. Il est à vingt-cinq minutes de la rive orientale du Nil. Son étendue
est d'une lieue du nord au sud, et d'un quart
de lieue de l'est à l'ouest.

La position du Caire entre plusieurs montagnes, qui interceptent l'air atmosphérique,
en rend la température extrêmement chaude.
Les rues sont pleines d'immondices que les
habitants ne se donnent pas la peine d'enlever;
elles sont en outre si étroites qu'il n'y peut
guère passer qu'une personne à la fois. Si cet
inconvénient pouvait être racheté par quelque avantage, ce serait par l'agrément d'y jouir
d'une ombre continuelle. Au surplus, les habitants la concentrent encore en tendant des
toiles ou des nattes d'une maison à l'autre. Le
quartier franc habité par les Européens consiste en une seule et longue rue dont la porte,
où veille une garde, est fermée tous les soirs.

Le Caire est traversé de l'ouest au nord-
est par un large canal que les Arabes appellent *Mers-el-Attiké*. Les places sont immenses, mais irrégulières, et toute la ville est ceinte
de murailles flanquées de fort belles tours. La

citadelle, bâtie sur le revers d'une montagne
sise à l'orient du Nil, contient une ménagerie
où l'on voit trois giraffes, trois lions, un
éléphant et deux panthères; elle offre en
outre ce qu'on appelle le puits de Joseph,
qui est taillé dans le roc à la profondeur de
sept cents pieds.

Les maisons du Caire sont généralement
mal bâties; on n'y retrouve ni la forme ni l'élégance des nôtres; contre l'usage du pays, elles
portent deux et même trois étages. Une population nombreuse et misérable est entassée
dans les plus basses et les plus petites. Quant
aux habitations des personnes riches, elles
sont, pour l'ordinaire, entourées d'une cour.
Au centre de l'édifice se trouve une grande salle
pavée en marbre où des bassins, quelquefois
même des jets d'eau, entretiennent une fraîcheur délicieuse.

On compte dans le grand Caire plus de
quatre cents mosquées; il offre en outre une
grande fabrique de draps et une imprimerie
appartenant au pacha. Des Turcs, des Arabes,
des Grecs, des Syriens, des Cophtes, des
Juifs et des Européens, composent en tout

une population singulièrement mélangée, éva-
luée à trois cent mille âmes. Des jardins char-
mants, et une grande promenade appelée Sa-
houbra, rendent fort beaux les dehors du
Caire. Malgré l'excès de sa température et l'insalubrité de son air, cette ville est le centre du
commerce de l'Afrique orientale : il y afflue
des caravanes qui viennent du Sennaar, du
Darfour et du Fezzen, conduisant des esclaves
et apportant des denrées telles qu'ivoire,
poudre d'or, plumes d'autruche, etc. Il est
probable que le bonheur de sa position con-
servera long-temps au Caire la possession de
ces avantages.

Depuis sept ans aucun symptôme de peste
ne s'est manifesté au Caire; mais la dyssenterie
et l'ophthalmie y règnent constamment. Cette
dernière affection y est si commune, qu'on
rencontre à chaque pas des borgnes ou des
aveugles. Ce qui étonne le plus, c'est l'indiffé-
rence avec laquelle les habitants du Caire sup-
portent un si grand malheur. L'aveugle et le
borgne ne se croient guère plus infortunés
que les autres hommes : je pense qu'il faut at-
tribuer cette résignation non au courage,

mais à un système de fatalisme général dans l'Orient : « Cela est venu, cela devait arriver; un malheur menace, rien n'en suspendra l'effet. »

Je fus consulté pour un grand nombre de maladies qu'on aurait pu guérir à leur début par un traitement rationnel, et qui faute de soins étaient devenues incurables; mais il faut dire aussi qu'en général dans ce pays l'art de la médecine se ressent de la barbarie de ses habitants. A l'exception de MM. Clot et Dussap, dont les talents sont dignes de tout éloge, on ne trouve parmi ceux qui se mêlent de l'art de guérir que des charlatans ou des empiriques.

Les maladies des yeux se déclarent dans toutes les saisons; ni l'âge, ni le sexe, ni la classe n'en sont exempts. Les causes qui donnent lieu à cette affection m'ont paru nombreuses. La poussière nitreuse répandue dans l'air, les vents du sud, l'habitude de dormir sur les terrasses, l'insalubrité de l'atmosphère et le mauvais régime de vie, telles sont les principales. A chaque fluxion l'organe s'affaiblit, contracte des dispositions à une nou-

velle maladie, et la fréquence allant toujours
croissant, le globe de l'œil s'ulcère et finit par
se détruire entièrement. Ajoutons que la voie
de la génération rend cette disposition héré-
ditaire de père en fils, et le problème de la
cécité endémique chez les Égyptiens sera facile à résoudre.

Au dire des Européens qui m'ont consulté
sur cette affection, les habitants du Caire
font usage d'une poudre dont on n'a pu me
dire la nature; on l'insuffle dans l'œil malade,
et, si au bout de trois jours ce collyre sec n'a
pas produit l'effet désiré, le mal est abandonné
comme incurable. On conçoit qu'une médecine qui se rebute si facilement doit rare-
ment triompher d'une affection tant soit
peu maligne; mais le fatalisme a prononcé,
la médecine se tait, et le mal va son train.

Au printemps, il se déclare quelques fièvres
intermittentes pernicieuses dont les suites sont
souvent funestes. Au rapport d'un médecin,
lorsqu'elles prennent un caractère épidémi-
que elles offrent quelque analogie avec la peste,
et il faut tout le talent d'un œil exercé pour en
bien établir le diagnostic. Le sulfate de quinine

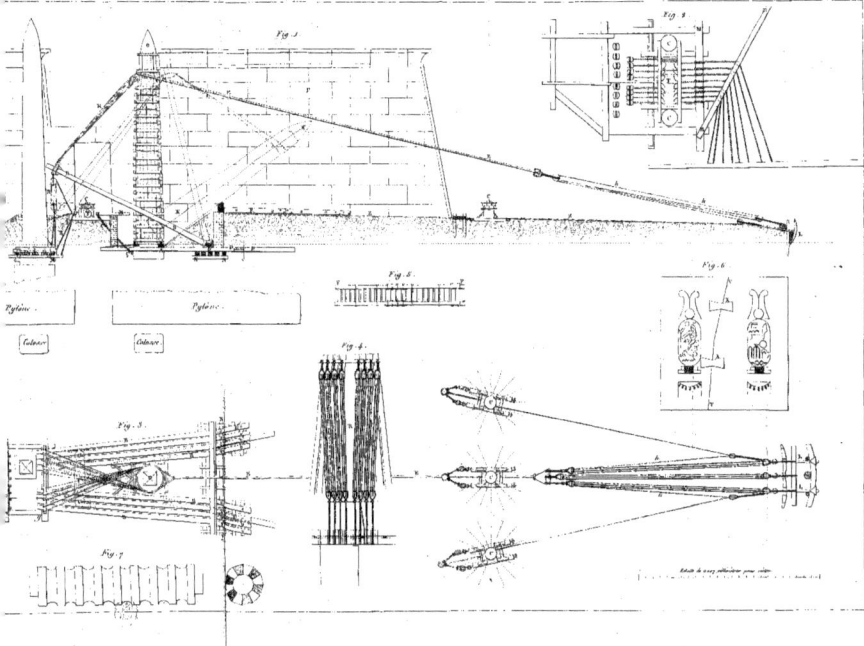

Pl. 2

Fig. 1

Fig. 2

Fig. 3

Fig. 4

Fig. 5

Fig. 6

Fig. 7

Pylône.

Pylône.

Colonne.

Colonne.

est, comme dans nos pays, le remède sûr et prompt de ces sortes de fièvres.

Il se manifeste encore annuellement, à l'époque de la crue du Nil, une autre affection d'un caractère moins grave : c'est un exanthème qui envahit toute la périphérie du corps. Il offre beaucoup de rapport avec l'éruption que nous éprouvons en France vers la canicule, éruption appelée vulgairement *bouton de chaleur*, et nommée *hydroa* en langage médical. Il est dans ces climats porté au point de développer une démangeaison insupportable, d'où résulte souvent l'insomnie. Plusieurs médecins pensent que l'eau nouvelle du Nil est la cause de cette incommodité. *Adhuc sub judice lis est.*

Le 18, nous invitâmes à déjeuner à bord Ibrahim-pacha, fils du pacha d'Égypte, et Soliman-bey, Français d'origine [1]. En dépit de

---

[1] Il était autrefois adjudant sous-officier d'artillerie de marine à Toulon. Après le licenciement de ce corps, il se rendit en Égypte, où ses talents militaires l'ont fait élever au grade de général.

Mahomet et de ses préceptes , son altesse
ottomane fit honneur au bordeaux et au
champagne de si bonne grace qu'on aurait
cru que depuis long-temps il s'était fait ce
qu'on appelle en turc *chien de chrétien*. Vers la
fin du repas, Soliman-bey proposa trois toast,
le premier au pavillon français , le second
à Méhémet-Ali, et le troisième au succès de
notre mission. Le choix de ces toast parut si
heureux que pour le signaler nous laissâmes
vides presque toutes nos bouteilles.

Le 19 mars on partit du Caire, dont le séjour avait été pour nous plein de délices.
Les Turcs, toujours émerveillés de notre navigation dans le Nil, ne s'imaginaient point,
tout en nous regardant comme des hommes
surnaturels, que nous pussions aller jusqu'à
Thèbes; aussi la nouvelle de notre arrivée à
Louqsor fut-elle pour eux le sujet du plus
grand étonnement. A l'heure de notre départ,
la population se porta en foule sur la rive pour
nous voir et nous admirer ; on s'y disputait
les places. Toutes les terrasses des maisons
voisines étaient couvertes de curieux; on tira

des coups de fusil en notre honneur; les af-
faires restèrent suspendues; enfin ce fut un
véritable jour de fête.

Pendant toute la journée du 19, il souffla
une brise de nord-nord-ouest extrêmement
chaude. Le vent par intervalles chassait une
poussière si épaisse que la lumière du soleil
en était obscurcie. Il est de tradition dans le
pays, que tous les ans à pareille époque le
même vent souffle avec ces caractères; aussi
est-ce alors que se manifestent les ophthalmies
les plus intenses.

Le soir, nous nous arrêtâmes au village de
Cafrelaya, qui est à huit lieues du Caire; le
20, après un trajet de quinze lieues, nous
étions devant Azeytun; le 21, nous en fîmes
douze, et nous jetâmes l'ancre le soir à Cha-
rouné; le 22, même trajet pour arriver à Bé-
nihassen; le 23, après quatre lieues de marche, on se trouva à Montfalout; le 24, à Hié-
roste, et le 25 à Siout. Ces deux dernières
journées ne furent chacune que de deux
lieues : la cause en est dans le nombre de
coudes que dessine le Nil en ces parages. La
navigation nous offrit même alors des diffi-

cultés que notre équipage ne surmonta qu'en
exécutant les manœuvres les plus laborieuses;
ce n'était pourtant là qu'un prélude des fatigues qui nous attendaient.

La ville de Siout, ou Assiout, est la plus
considérable de la Haute-Égypte. Suivant toute
apparence, elle est bâtie sur l'emplacement
de l'ancienne Lycopolis. Sa position au pied
de la chaîne Lybique est très avantageuse ; ses
environs sont riants, la végétation y est active,
et les récoltes abondantes; mais l'intérieur est
aussi mal tenu que dans la plupart des villes
de l'Égypte. Il s'y fait un grand commerce ;
les caravanes y affluent, soit en remontant le
Nil, soit en descendant de la Nubie, pour
transporter au Caire diverses denrées.

Siout est le siége du gouvernement général de la Haute-Égypte; celui qui y résidait
à l'époque de notre passage se nomme Ché-
rif-Bey (il est aujourd'hui gouverneur de la
Syrie) : c'est un jeune homme d'une physionomie agréable et spirituelle, et chez qui la
gravité orientale s'oublie jusqu'à la gaîté. Il
nous offrit un dîner à la turque, où tous les
mets servis à la fois furent enlevés avec tant de

célérité, que nous aurions pu prendre, sans indigestion, une douzaine de dîners semblables. Je dirai, par anticipation, qu'il en fut autrement à notre retour de Thèbes; il nous donna, par compensation, un dîner à la française, dont notre appétit se trouva beaucoup mieux.

Nous n'avons qu'à nous louer de l'obligeance empressée avec laquelle ce ministre satisfit à toutes les demandes relatives à notre expédition. Les différentes entrevues que nous eûmes avec lui à Louqsor, où il venait parfois nous visiter, nous donnèrent lieu d'apprécier ses capacités administratives : aussi gouvernait-il avec sagesse et habileté la province qui lui était confiée. Il croyait, comme tous ses compatriotes, que nous ne parviendrions jamais à embarquer l'obélisque sans encombre, et lorsqu'il vint à bord, après l'opération faite, nous n'étions plus pour lui des hommes mais des démons.

Le lendemain 26, étant partis de Siout à une heure de l'après-midi, nous mouillâmes le soir devant le village de Chartoude (trajet : 7 lieues); le 27 à Chandouilhe (9 lieues); le 28

il fallut nous arrêter à Brasboura, parce que le
Nil, en cet endroit, dessine un grand contour,
et que la brise, dont toute la force nous était
nécessaire pour refouler le courant, alors
très rapide, s'amollit et nous abandonna tout-
à-coup. L'impétuosité de ce courant fut
même telle, qu'elle nous fit brusquement ré-
trograder, et alla nous jeter sur la rive occidentale. Ce fut l'occasion d'un accident fâcheux : la chaloupe, qui était à notre remorque, se trouva enclavée entre la rive et
l'arrière du bâtiment, et le choc qu'elle en
ressentit fut si violent, qu'elle se brisa. Cette
perte nous fut d'autant plus sensible que c'é-
tait la seule embarcation dont la solidité pût
nous servir dans nos fréquents échouages. Ce
contre-temps força l'équipage à exécuter, sous
un soleil ardent, de pénibles manœuvres : il
s'agissait de sauver les débris de la chaloupe,
et de longer les amarres à terre pour empêcher le navire d'être emporté par le courant,
qui filait près de cinq nœuds. Nous nous
vîmes donc contraints de garder la même position toute la journée du 28.

Le 29, la brise fut encore si faible, que malgré tous nos efforts, il nous fut impossible de doubler le grand coude de Brasboura.

C'est le 30, au moyen du halage, et après un travail long et fatigant, qu'il nous fut permis de franchir ce détour et d'atteindre à Benihamet (trajet : 9 lieues). Le même jour à midi, nous étions devant la ville, ou mieux, le village de Girgé; il est situé sur la rive occidentale et à quelque distance du Nil. Les nombreux minarets qui le dominent, et les dattiers dont il est ombragé, lui donnent un riant aspect; mais, de près, on ne trouve que de chétives maisons, la plupart bâties en terre, et tombant presque toutes en ruine. Au-delà de ce village, la campagne, des deux côtés du fleuve, est couverte d'une forêt de palmiers, entrecoupée, çà et là, de misérables hameaux, qui ne sont, à vrai dire, que des huttes réunies. Le 31, le vent contraire nous retint à l'ancre; le 1er août, la brise étant fraîche et bonne, on appareilla, emportant l'espoir de faire un bon trajet; malheureusement, après une distance d'environ deux milles, le bâtiment échoua contre un banc de sable, et force nous fut de rester immobile au milieu du fleuve. Cette journée fut si chaude, qu'à l'ombre le thermomètre montait à 31 degrés, et à 49 au soleil.

Le lendemain, après une journée entière de travail, nous eûmes la joie de remettre à flot notre embarcation. Le 3, une brise de nord-ouest nous poussa jusqu'au village de Gassaresheïaz (trajet : 6 lieues). Le 4, on relâcha devant le bourg de Deïchné (4 lieues); le 5, au village d'Oucladamir (2 lieues et demie); le 6, une brise très fraîche nous retint au dernier mouillage; le 7, nous touchâmes à Ghéné. La ville de Ghéné, ou Kéné, anciennement Caphtas, est située sur le bord oriental du Nil; c'est une des plus considérables de la Haute-Égypte. On y trouve des manufactures de toiles et d'indiennes, et des fabriques de vases en terre cuite, que les Arabes nomment gargoulettes. L'usage de ces vases est de rafraîchir et de clarifier l'eau du Nil, qui est toujours chaude et trouble.

A l'opposite de Ghéné, à une demi-lieue sur la rive occidentale du Nil, on aperçoit à l'extrémité de la plaine et sur un monticule les ruines de Denderah (Tentyris). Le calme nous ayant retenus pendant trois jours à Ghéné, j'en profitai avec le commissaire pour aller visiter le temple de Tentyris. La vue de ce monument, dont l'architecture est magnifique et la sculpture assez bien conservée, me pénétra d'une profonde admiration. Je demeurai comme immobile, n'osant me livrer à l'examen de ses détails, de peur de perdre le magnifique tableau de son ensemble.

L'entrée du temple regarde le nord. Son portique est soutenu par vingt-quatre colonnes de vingt-un pieds de circonférence et couvertes d'hiéroglyphes ; les colonnes sont presque toutes enfouies dans la terre à une profondeur de quinze ou vingt pieds.

Ce temple m'a paru avoir intérieurement une hauteur de trente-huit à quarante pieds du sol au plafond ; sa longueur extérieure est de trois cents pieds, et sa largeur de cent cinquante. On voit encore sur les côtés neuf sphynx, mais presque tous mutilés. Sur les parties latérales du plafond du portique, on aperçoit les signes du Zodiaque rangés sur deux bandes ; l'une est sur le côté oriental et l'autre sur le côté opposé. La description qu'en fait le baron Cuvier, dans son ouvrage intitulé *Discours sur les révolutions de la surface du globe*, m'ayant paru très exacte, je vais la copier textuellement.

« Les bandes du Zodiaque sont embrassées chacune par une figure de femme aussi longue qu'elles, dont les pieds sont vers l'entrée, la tête et les bras vers le fond du portique : par conséquent, les pieds sont au nord et la tête au sud. Le Lion est en tête de la bande qui est à l'occident; il se dirige vers le nord ou vers les pieds de la figure de femme, et il a lui-même les pieds vers le mur oriental. La Vierge, la Balance, le Scorpion, le Sagittaire et le Capricorne le suivent, marchant sur une même ligne; ce dernier se trouve vers le fond du portique, et près des mains et de la tête de la grande figure de femme. Les signes de la bande orientale commencent à l'extrémité où ceux de l'autre bande finissent, et se dirigent par conséquent vers le fond du portique ou vers les bras de la grande figure. Ils ont les pieds vers le mur latéral de leur côté, et les têtes en sens contraire de celles de la bande opposée. Le Verseau marche le premier, suivi

des Poissons, du Bélier, du Taureau, des Gé-
meaux ; le dernier de la série, qui est le Cancer, ou plutôt le Scarabée (car c'est par cet
insecte que le Cancer des Grecs est remplacé
dans le Zodiaque égyptien), est jeté de côté
sur les jambes de la grande figure. A la place
qu'il aurait dû occuper, est un globe posé sur
le sommet d'une pyramide, composée de petits triangles qui représentent des espèces de
rayons, et devant la base de laquelle est une
grande tête de femme avec deux petites cor-
nes. Un second Scarabée est placé de côté et
en travers sur la première bande dans l'angle
que les pieds de la grande figure forment avec
le corps, et en avant de l'espace où marche le
Lion, lequel est un peu en arrière. A l'autre
bout de cette même bande, le Capricorne est
très près du fond ou des bras de la grande figure, et sur la bande à gauche le Verseau en
est assez éloigné ; cependant le Capricorne
n'est pas répété comme le Cancer. La division
de ce Zodiaque, dès l'entrée, se fait donc entre le Lion et le Cancer, ou si l'on suppose
que la répétition du Scarabée marque une division du signe, elle a lieu dans le Cancer lui-

même; mais celle du fond se fait entre le Capricorne et le Verseau. »

Après avoir parcouru les dehors du temple, nous pénétrâmes dans son intérieur, qui est moins bien conservé. Il nous fallut le secours des torches pour parcourir plusieurs salles obscures, dans l'une desquelles était un planisphère circulaire inscrit dans un carré, et qui a été apporté à Paris par les soins de M. Lelorrain ; on le voit aujourd'hui à la Bibliothèque royale.

Voici à peu près la description du temple de Tentyris : après avoir franchi le portique, on trouve sur la ligne médiane de l'édifice une salle étroite, à chaque côté de laquelle est un rang de quatre colonnes. Vient ensuite, mais sans colonnes, une seconde salle plus large. Celle-ci conduit dans une troisième de même grandeur, éclairée par une ouverture pratiquée en talus au haut de ses murs latéraux. Deux autres ouvertures à la partie inférieure de ces murs mènent chacune vers les côtés du temple. Ces dernières consistent en galeries par où l'on monte dans d'autres salles beaucoup plus petites. Enfin la quatrième cham-

Face Sud.   Face Est.   Face Nord.   Face Ouest.

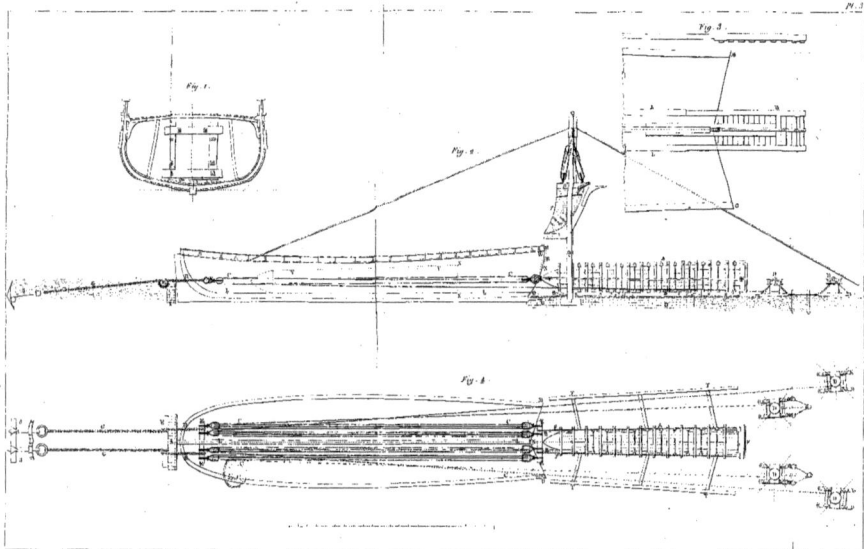

Pl. 3.

Fig. 1.

Fig. 2.

Fig. 3.

Fig. 4.

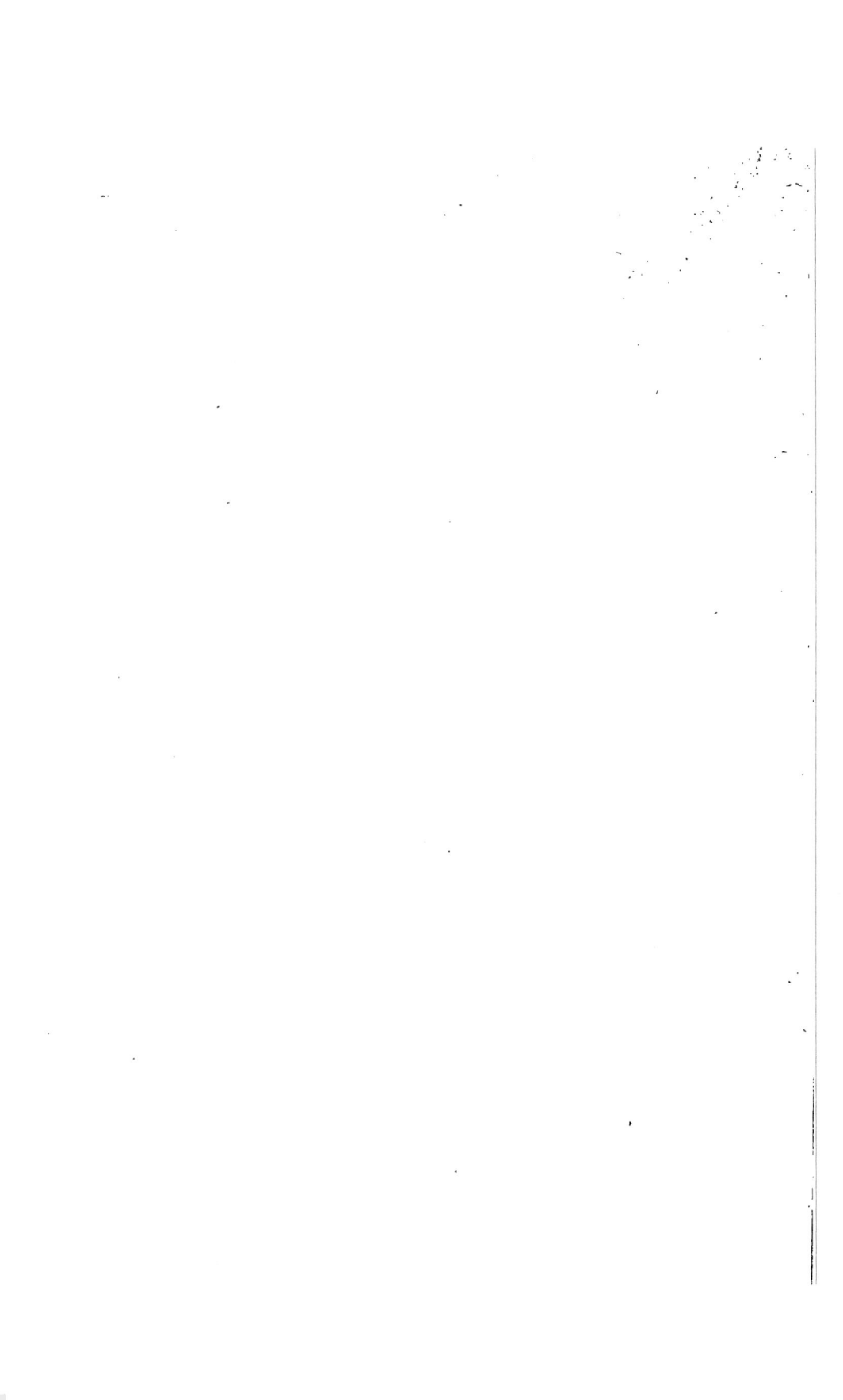

bre du centre est moins large et plus longue
que la troisième. Les murs, ainsi que ceux
des salles précédentes, sont ornés de figures
égyptiennes et couverts de caractères hiéroglyphiques.

En avant du grand temple, on voit les ruines d'un petit édifice qui n'a rien de remarquable. À l'est et dans la plaine subsiste encore un arc de triomphe chargé d'hiéroglyphes. Ce monument m'a paru être en dehors
de l'ancienne Tentyris, et devait par conséquent servir d'entrée à la ville.

Le 10 août, nous quittâmes Ghéné avec
une faible brise de nord-est, et nous fûmes
jeter l'ancre devant Barout, village situé sur
la rive gauche du Nil (4 lieues).

Dans le trajet de Ghéné à Barout, nous vîmes au sud et à une lieue de la première ville
un grand crocodile qui était à moitié hors de
l'eau, sur la rive orientale du fleuve. Dès que
le navire fut par son travers, notre capitaine,
deux officiers et moi tirâmes dessus avec des
fusils chargés à balle, qui lui portèrent dans
les flancs. Comme il se débattait violemment,
la grande embarcation, montée de plusieurs

hommes, fut expédiée pour l'amener à bord. Il fallut, pour s'en rendre maître, lui asséner plusieurs coups de hache, et au moyen d'une corde qu'on lui passa autour du cou, on le remorqua jusqu'au rivage.

Je procédai sans retard à son dépouillement, afin de pouvoir le conserver et l'offrir au cabinet de l'hôpital de la marine à Toulon, où il est en ce moment. Sa préparation fut très pénible, et m'occupa pendant deux jours entiers, avec quatre autres personnes qui me prêtèrent leur aide. Je retirai de la tête et de dessous la peau huit balles, et en outre dix cailloux qui étaient dans l'intérieur du corps. L'abdomen contenait vingt œufs non formés, ce qui ne me laissa aucun doute sur le sexe de l'animal.

Il n'est peut-être pas hors de propos de jeter ici quelques lignes sur les caractères extérieurs et les habitudes de ce monstre.

Le crocodile est amphibie et ovipare; sa grandeur, qui varie suivant l'âge, peut être de trente et même de quarante pieds; celui que nous prîmes en avait neuf et demi de longueur et quatre de circonférence. M. Lebas,

notre ingénieur, en acheta un des Arabes, long
de onze pieds et demi. Cet animal est très com-
mun en Égypte, dans une partie de l'Inde et
dans plusieurs pays chauds de l'Amérique.
Son corps, dont celui du lézard donne une
exacte idée, est couvert d'écailles carrées, formant des lignes saillantes qui se prolongent
en une ou deux crêtes sur la queue. Sa gueule
énormément grande s'ouvre jusqu'aux oreilles; sa tête longue et pesante porte un museau alongé comme celui du porc; ses dents
nombreuses et serrées sont longues, très pointues et disposées à la manière d'un peigne;
les dents de la mâchoire supérieure s'emboî-
tent dans l'intervalle que laissent entre elles
celles de la mâchoire inférieure et réciproque-
ment. Quant à sa langue toute charnue, elle
offre si peu de longueur, qu'au premier examen on pourrait croire qu'il n'en a pas. Par
une exception assez rare en zoologie, la mâchoire supérieure seule est douée de mobilité.
Les narines, dont l'orifice s'ouvre et se ferme
à volonté, forment un long canal qui prend
naissance dans la gorge et aboutit au museau
en s'élargissant. Il a l'œil vif et garni de trois

paupières, les oreilles situées au-dessous des yeux et recouvertes d'une espèce de valvule. La mâchoire inférieure du crocodile est soudée avec le sternum, d'où résulte l'immobilité que nous avons signalée, en sorte que cet amphibie, forcé de tenir la tête droite et directement alongée, ne peut porter ses regards qu'en avant. La couleur de tout le corps est bronzée ou d'un brun jaunâtre, tacheté de blanc ou de vert. Il a quatre pattes courtes et écartées; les antérieures sont munies de cinq griffes aiguës et crochues, les postérieures n'en présentent que quatre, dont l'externe est dépourvue d'onglet. La queue, qui forme la moitié de la longueur de l'animal, commence presque immédiatement après les pattes postérieures; elle a une forme ronde, et porte deux crêtes fort élevées qui se confondent en une seule à un pied environ de l'extrémité. Cette partie du corps, avec laquelle le crocodile dirige tous ses mouvements de natation, lui sert exactement de gouvernail. A l'exception des écailles de la région supérieure du corps, qui ont une épaisseur et une dureté remarquables, toutes les autres sont minces et flexibles.

La femelle pond ordinairement vingt œufs,
qu'elle dépose dans le sable du rivage, où la
chaleur du soleil suffit pour les faire éclore.
Ces œufs, bien disproportionnés par rapport
au volume de l'animal, ne sont guère plus
gros que ceux d'une oie; quant à leur goût,
il est assez agréable. La chair du crocodile est,
dit-on, fort délicate, et les Arabes, ainsi que
les peuples d'Amérique, en font un de leurs
aliments.

L'ennemi naturel du crocodile est le ouaran, autre espèce de lézard également amphibie, dont la longueur ne dépasse guère trois
ou quatre pieds; mais, comme le combat per-
sonnel serait très inégal, le ouaran épie l'instant où la femelle du crocodile va pondre ses
œufs, et dès qu'elle s'est retirée, il se jette dessus et les dévore. On lit dans presque tous les
ouvrages d'histoire naturelle que le crocodile
a pour ennemi l'ichneumon; mais j'ai lieu de
croire qu'il y a ici erreur de nom ou d'indi-
vidu. Tous les Arabes que j'ai consultés à cet
égard m'ont assuré que l'ichneumon n'atta-
que jamais les œufs du crocodile, et encore
moins l'animal lui-même. Ce qu'avance gra-

vement Rollin à cet égard me paraît être une fable égyptienne.

Le crocodile est très vorace : il vit habituellement de poissons, mais il est surtout très friand de chair humaine, et l'Arabe qui s'expose imprudemment dans le Nil, court le risque d'en être dévoré. Nous fûmes témoins de ce malheur le lendemain de notre arrivée à Louqsor. Un Arabe qui puisait de l'eau sur le rivage fut surpris par un de ces animaux, qui lui coupa une jambe d'un seul coup de dent, et entraîna ensuite tout son corps au fond du fleuve. Ces accidents sont heureusement fort rares, parce que le crocodile étant très lourd, ne peut égaler à la nage la vitesse de l'homme.

Le 11 août, à une heure du soir, l'ancre fut levée, et nous allâmes mouiller au commencement du coude que le Nil forme à Gamoulet, village qui est à quatre lieues de Louqsor. Là, nous vîmes bientôt arriver à nous, sous le costume le plus riche, un jeune homme de vingt-huit à trente ans, dont la taille est au-dessus de la moyenne, d'un air grave, mais agréable et expressif : c'était le nahser ou intendant de la province de Louqsor, nommé Méhemet-aga,

qui venait, suivant l'usage oriental, nous offrir, en cadeau, des moutons, des volailles et
des fruits du pays. Cet aimable nahser frater-
nisa très cordialement avec nous, et voulut
nous accompagner jusqu'à notre arrivée à
Louqsor.

Retenus depuis deux jours dans le contour
de Gamoulet, tantôt par le calme, tantôt
par les vents contraires, nous prîmes le parti
de requérir des Arabes pour remorquer notre navire. Le nahser s'empressa d'expédier à
ce sujet un ordre aux chefs des villages voisins.
Comme dans ce pays l'obéissance passive est
la première vertu, surtout lorsqu'on l'en-
courage par l'appât d'une récompense, en
moins de deux heures nous vîmes accourir
trois cents Arabes au lieu de cent que nous
avions demandés. Ils furent aussitôt alignés
sur un grelin qu'on avait élongé sur le bord
occidental du Nil; mais, malgré le nombre
et le zèle de ces malheureux, qui tiraient
comme de véritables bêtes de somme, pour
vaincre le vent contraire et le courant im-
pétueux, nous ne pûmes faire que deux lieues
en dix heures. Le 14 nous étions encore à

deux lieues de Louqsor, lorsque, dans l'après-
midi, il s'éleva une brise de nord-ouest qui,
à notre grande joie, nous poussa enfin au
but désiré.

L'ingénieur avait fait pratiquer d'avance,
en face et à trois cent vingt-cinq mètres du
plus fort obélisque, un canal destiné à rapprocher le navire du monument et à faciliter son embarquement, lors de la re-
traite des eaux. C'est dans cette espèce de
port que nous échouâmes le bâtiment le 15
au matin.

Depuis Rosette jusqu'à Louqsor, de très
fortes chaleurs avaient pesé sur nous. Le thermomètre de Réaumur marquait depuis 30
jusqu'à 38 degrés à l'ombre, et de 50 à 55 au
soleil, ce qui rendit beaucoup plus pénibles
les travaux de nos marins ; plusieurs d'entre
eux durent à ces chaleurs et à cette fatigue des
dyssenteries et des céphalalgies intenses ; chez
quelques autres, l'abondance des sables em-
portés par les vents, et les reflets d'un soleil
brûlant, déterminèrent de vives ophthalmies,
toutes affections que j'eus le bonheur de com-
battre avec succès.

Le premier soin de M. Lebas fut de
faire construire des logements pour l'état-
major et pour l'équipage; un four, un hôpital, et des magasins destinés à recevoir
nos vivres et le gréement du navire. Ces
travaux furent conduits avec tant de célérité,
qu'au bout de deux mois ils étaient terminés.

Pendant la première quinzaine de septembre, je reçus à l'hôpital six dyssentériques.
Le nombre des malades augmenta si rapide-
ment pendant la quinzaine qui suivit, que,
le 24 septembre, j'avais sur les cadres quarante-quatre malades; tous, à l'exception de
deux dyssentériques, qui succombèrent par
imprudence et indocilité, furent assez promptement rétablis.

C'est le 29 août que nous apprîmes posi-
tivement l'irruption du choléra dans la ville
du Caire. Des caravanes revenant de la Mec-
que l'avaient contracté à Cosséïr et à Such,
où il régnait depuis long-temps avec une
violence extrême. Importé par elles au Caire,
il avait éclaté dans une auberge où les pèle-
rins étaient descendus. La maladie avait fait
dès lors des progrès si prodigieux, qu'au

septième jour treize cents personnes avaient succombé.

La position de Louqsor, sur les bords du Nil, les fréquentes relations de ses habitants avec ceux de la Basse-Égypte, et le défaut de toute précaution sanitaire, me firent appréhender de voir bientôt parmi nous ce terrible fléau. Mes sinistres prévisions ne se réalisèrent que trop promptement, et le 11 septembre le choléra se déclara dans les plaines de Thèbes.

Louqsor, petit village dont la population excède à peine huit cents ames, se vit décimer de jour en jour. Les malheureux que frappait le fléau n'avaient pour toute boisson que l'eau pure du Nil, et pour lit qu'une mauvaise natte ; beaucoup d'entre eux exhalaient même leur dernier soupir sur la terre nue ; aussi le nombre des victimes s'éleva-t-il à cent vingt-huit, c'est-à-dire au sixième de la population. Les pleurs, les lamentations, les cris du désespoir ou de l'agonie venaient jusqu'à nous contrister nos cœurs.

On conçoit que les travaux relatifs à

notre mission durent mettre continuellement
nos marins en rapport avec les habitants
du village, circonstance qui les exposait
aux risques de la contagion : en effet, quinze
des nôtres furent en peu de temps affectés
de la maladie. Ils reçurent de moi les soins
les plus assidus, qui furent assez efficaces
pour les ramener tous à une santé parfaite.
On a avancé que j'avais perdu un de mes
cholériques; c'est une erreur que je crois
pouvoir relever sans immodestie.

Je suis conduit naturellement à tracer en
peu de mots l'histoire du choléra de la Haute-
Égypte. Elle ajoutera peut-être de nouveaux
documents pour l'étude de ce fléau, dont
on ne saurait trop approfondir la nature. Les
observations sévères que j'ai pu faire sur cette
maladie peuvent se résumer à ces chefs principaux :

Le choléra a presque toujours régné avec
la même intensité; s'il a présenté dans un
moment plus de violence, c'est vers le milieu
de l'épidémie. Le plus souvent, il a débuté in-
stantanément et sans signes précurseurs par
une douleur déchirante de la région épigastri-

que. En même temps survenaient des vomis-
sements et des déjections alvines, mais sans
douleur d'entrailles; bientôt prostration des
forces, sueurs froides, figure décomposée,
pouls petit ou presque nul, céphalalgie, soif
intense, langue rouge à ses bords et jaune à
son centre, crampes des extrémités et plus
souvent des membres abdominaux; tels sont
les symptômes qui ont signalé cette épidémie,
dont la durée a été au minimum de quatre
heures, en terme moyen de sept à huit,
et n'a jamais excédé vingt-quatre dans son
maximum.

Le fléau n'a épargné aucune classe, aucune
condition, aucun tempérament. Quant au
sexe et à l'âge, j'ai remarqué que le nombre
des enfants et des femmes frappés par le mal
était dans une proportion bien inférieure à
celui des hommes adultes. Le régime m'a
semblé influer beaucoup sur le degré de son
intensité; c'est un fait constant que les gens
de notre équipage qui s'étaient livrés à l'usage
immodéré des boissons alcooliques en furent
saisis plus promptement et plus violemment
que ceux dont la vie était sobre.

La mortalité ne s'est pas arrêtée à l'espèce
humaine; elle s'est étendue sur quelques animaux domestiques, et particulièrement sur
les chiens. De dix qui avaient été emmenés
par l'équipage, sept sont morts instanta-
nément.

De tous les moyens curatifs conseillés par
les auteurs, ceux qui m'ont constamment
réussi sont les suivants : boissons gommeu-
ses sucrées et froides, préparations fortement
opiacées, saignées locales, lavements ano-
dins, réfrigérants, frictions sèches et topi-
ques révulsifs. Toutefois les saignées deman-
dent un emploi circonspect, et ne réussissent
que chez les sujets vigoureux ; pour les tempéraments faibles, le meilleur remède est l'o-
pium à haute dose. Enfin, dans les vomisse-
ments opiniâtres, qui résistaient aux opia-
cés, l'application d'un vésicatoire sur l'épi-
gastre a obtenu les plus heureux effets.

On a beaucoup parlé de la contagion du
choléra; pour mon compte je n'y crois nulle-
ment. Nos marins avaient occasion de com-
muniquer avec quelques-uns de leurs camarades affectés de la maladie, et cependant ce

ne fut pas pour eux une occasion de la contracter. Même observation pouvait être faite parmi les Arabes. D'autres, au contraire, en furent affectés, qui n'avaient eu aucune relation avec des cholériques.

Les personnes qui désireraient plus de détails scientifiques pourront consulter la thèse inaugurale que je me propose de publier incessamment sur cette matière.

Cependant les opérations relatives au but de notre voyage se poursuivaient sans interruption : il importait beaucoup de profiter des basses eaux pour opérer l'embarquement. Le temps était court et les travaux immenses : quelques jours de retard pouvaient ajourner notre retour d'une année entière; mais l'œuvre fut poussée avec tant d'activité, nos marins, bravant l'influence d'un climat meurtrier et la fatigue d'un travail non interrompu, firent des efforts si prodigieux, qu'il suffit de quatre mois pour compléter entièrement ces opérations. C'est ici la place de leur

description, qu'il convient de faire précéder
de celle des monuments eux-mêmes.

Les deux obélisques sont d'un travail admirable et d'une belle conservation ; le plus
grand a vingt-cinq mètres (soixante-quinze
pieds) de hauteur, l'autre est plus petit de
trois pieds. Pour dissimuler autant que pos-
sible cette différence, on a placé le plus petit
en avant de l'autre à partir du Nil et sur un
socle plus élevé ; trois rangées verticales d'hiéroglyphes couvrent les faces de ces deux monolithes. La rangée du milieu est creusée à la
profondeur de quinze centimètres ; les deux
autres sont à peine taillées, et cette différence
de relief varie le reflet et le jeu des ombres.
Les cartouches multipliés sur les quatre faces présentent tous les noms et prénoms de
Rhamessès ou Sésostris, et contiennent ses
louanges et le récit de ses exploits. Le socle
nouvellement mis à découvert présente, sur
la partie nord-ouest et sud-ouest, les figures
de quatre singes cynocéphales portant sur
leur poitrine la même légende de Rhamessès :
chéri de Dieu, approuvé du soleil, etc.

L'obscurité qui règne dans l'histoire des

Pharaons ne permet guère d'assigner au juste l'époque où régna celui-ci et le rang qu'il occupe dans la dynastie égyptienne; mais il est certain que c'est le même guerrier qui a soumis à sa domination la Syrie, l'Éthiopie, et même la Grèce, et dont le nom se retrouve sur tous les monuments de l'Égypte et de la Nubie. Un passage de Tacite ne laisse aucun doute sur l'identité de ce Rhamessès avec le Sésostris d'Hérodote et de Strabon, et le premier de la dynastie de Manéthon. On retrouve sur les plus grands monuments de ces pays ses noms et prénoms exactement semblables, ainsi que son portrait et son costume, toujours tracés sur le même modèle.

La différence de hauteur des deux obélisques s'explique par la difficulté qu'ont dû rencontrer les Égyptiens pour extraire de la carrière de Syenne, où se trouve le plus beau granit rose, deux masses de cette dimension et parfaitement pareilles. A cette difficulté première se joignait celle qui consistait à dégager de la carrière ces monolithes travaillés sur place et à les mouvoir sans briser

ni leurs arêtes si déliées, ni leurs fûts si
moelleux. Cette dernière difficulté, M. l'ingénieur Lebas devait la rencontrer dans l'o-
pération d'abattage et d'embarquement : nous
allons voir avec quelle supériorité de talent
il s'en est acquitté.

Il avait fait choix du plus petit obélisque, comme étant d'un transport plus facile et offrant une conservation plus parfaite.
Cette pyramide a vingt-trois mètres de longueur (soixante-douze pieds) et deux mètres
quarante-trois centimètres de largeur à sa
base ; son poids n'est pas moindre de deux
cent cinquante tonneaux de mer, c'est-à-
dire, deux cent cinquante mille kilogrammes. Telle est la masse à la fois pesante et
délicate qu'il fallait renverser et embarquer
sans encombre. Pour les marins et pour
M. Lebas, le problème était résolu d'avance.

Notre ingénieur fit pratiquer par un trait
de scie une section transversale et complète
du navire, à trois mètres de l'avant ; il res-
pecta la quille, et se contenta de la disjoin-
dre pour la rajuster plus tard sans lui rien
ôter de sa force première ; la tranche séparée

fut soulevée par des palans et maintenue en
l'air sur deux poutres mâtées en croix de
Saint-André. Le bâtiment ainsi ouvert présentait à une de ses extrémités une large
bouche pour recevoir son chargement, qui
devait lui arriver en glissant sur un plan
incliné. Le travail relatif à ce plan n'avait
été ni prompt ni facile, puisqu'il fallait
creuser et unir le terrain depuis le Nil
jusqu'à l'obélisque, c'est-à-dire, dans une
étendue de trois cent soixante-douze mètres, trancher deux monticules d'antiques
décombres, et démolir la moitié du pauvre
village qui se rencontrait sur la ligne.à parcourir. Aussi employa-t-on pendant trois
mois le labeur de huit cents hommes pour
achever ces tranchées.

Les préparatifs de l'abattage se prolongè-
rent depuis le 11 juillet jusqu'au 51 octobre,
jour où l'obélisque fut couché sur le sable.
C'est ici qu'il faut expliquer les machines
dont se servit l'ingénieur pour faire tourner
l'obélisque sur sa base, le descendre et le
traîner sur le sol, et l'embarquer enfin à bord
du bâtiment.

Dès qu'il fut fixé sur les procédés méca-
niques à employer pour l'abattage du monument, il appliqua sa pensée aux moyens de
le préserver contre les accidents qui pouvaient
l'endommager, soit pendant le halage et la
traversée, soit lors de son débarquement et
de son érection à Paris. Il eut donc le soin
d'envelopper l'obélisque, depuis sa base jusqu'à son pyramidion, d'une chemise en charpente épaisse de trois pouces, qui, ne pouvant être assujettie au granit par des clous et
des chevilles, le fut en dehors de l'enveloppe
par des traverses de bois boulonnées. La face
ouest de cette espèce de cercueil, sur lequel
devait glisser l'obélisque, fut polie et en-
duite d'un corps gras pour atténuer les frottements.

Toutes ces mesures étant prises, M. Lebas
procéda à l'abattage, et employa, pour y parvenir, un moyen aussi simple qu'ingénieux,
qui prouve notre supériorité en mécanique
sur tous nos devanciers modernes. L'opération eut lieu par un simple câble d'abattage,
tenant au haut de l'armature de l'obélisque,
et fixé à une ancre très forte à cent cinquante

mètres du monument. Une poutre assujettie
à un fort point d'appui retenait ce câble en
sens opposé. Le monolithe tournait en s'ap-
puyant sur une pièce de chêne encastrée sous
la base pour préserver son arête inférieure.
Ce cylindre de vingt centimètres de rayon a
supporté pendant vingt-cinq minutes une
pression de cinq cents milliers sans éprouver
la moindre altération.

Huit hommes, placés sur les apparaux de
retenue, hâtaient ou ralentissaient à volonté
la chute de la pyramide. Pendant deux minutes, elle resta suspendue sous un angle de
trente degrés, et enfin s'abaissa majestueuse-
ment sur la cale du halage, aux acclamations
d'une foule considérable d'habitants et d'é-
trangers, surtout Anglais, accourus pour
jouir de ce grand spectacle. Nos voisins d'ou-
tre-mer voulurent bien nous exprimer alors
quelle haute idée ils concevaient du génie
français. A cette occasion, ils acceptèrent leur
part d'un dîner de fête, où furent portés plusieurs toast en l'honneur de notre succès et
de la France.

Tel fut le résultat prospère qui couronna

cette opération hardie le 31 octobre, après
trois mois et demi de travaux et de fatigues
sous le ciel brûlant de l'Égypte, par une chaleur de trente-trois degrés à l'ombre et pendant les ravages du choléra ! Ce succès est
prodigieux, sous quelque point de vue qu'on
l'envisage : patience, courage, force morale,
lutte héroïque contre la maladie et le climat,
génie de création, qui sait tout prévoir, tout
calculer et arriver à une grande fin avec des
moyens exigus et bornés, tout cela est admirable.

La seconde opération, celle de l'embarquement, qui eut lieu le lendemain, ne fut pas
moins heureuse. Le monument n'était plus
qu'à un mètre de distance de l'étrave du navire, présentant au pyramidion son ouverture béante. Le monolithe fut embarqué après
une heure et demie de halage, en passant sous
la tranche du navire, suspendue en l'air à une
certaine hauteur. Cet avant fut ensuite des-
cendu et rajusté ; le raccord de toutes les
pièces était si parfait, qu'on pouvait à peine
s'apercevoir de la mutilation.

La dernière opération, moins difficile que
les autres, mais plus hasardeuse, consistait
à traverser la Méditerranée, l'océan orageux,
et à parvenir vainqueurs de tout obstacle sur
les côtes de France. L'honneur de cette dernière partie de notre mission revient tout en-
tier à notre commandant, M. Verninac, qui a
montré dans la traversée autant de courage
que de talents maritimes. On verra plus tard
combien les risques furent grands, combien
justes furent les appréhensions de voir l'obélisque compromis dans les bancs de sable
du Nil.

L'embarquement terminé, il nous fallut
attendre la crue du fleuve pour effectuer notre départ. Je profiterai de cette pause pour
faire connaître notre lieu d'exil et ses curieux
environs.

L'état-major avait fait l'acquisition d'un
terrain que nous avions converti en jardin
potager : là, melons, pastèques, laitues et
autres légumes végétaient à merveille; nous
avions même planté des arbres qui en peu de
temps devinrent fort beaux et nous donnè-

rent l'hospitalité de leur ombrage. Le lieutenant M. Joannis avait accordé à chaque matelot une portion de terrain pour cultiver et
pour se construire une habitation. C'était
vraiment un tableau enchanteur de voir notre
petite campagne si bien soignée, qui se distin-
guait des champs arabes par un air tout-à-fait
français.

Louqsor, situé vers le 25 degré de latitude nord, le 30ᵉ de longitude est, et à
cent quatre-vingts lieues de l'embouchure
du Nil, occupe une assez grande étendue
de terrain sur la rive orientale du fleuve.
La population, qui est de huit cents ames,
est plongée dans la plus affreuse misère. Les
habitants de ce village, couverts de haillons
ou tout-à-fait nus, sont entassés dans de
mauvaises cabanes, où ils couchent pêle-
mêle avec les animaux domestiques; ces espèces de maisons, hautes de dix pieds au plus,
reçoivent l'air et la lumière par une porte
basse, qu'on ne peut franchir qu'en s'incli-
nant. Si quelques-unes ont des fenêtres, elles
sont fort rares. Toutes sont construites avec
des branches de dattiers et des briques cuites

au soleil ; un enduit de terre argileuse forme
la toiture. Les rues de ce village sont très
étroites, et tellement remplies d'ordure que
le cœur en est soulevé.

L'habitant de Louqsor est si sobre, que quelques dattes et un petit gâteau de maïs suffisent
pour sa nourriture de vingt-quatre heures ;
mais cette sobriété n'est chez lui qu'une vertu
forcée, car il ne possède rien au monde ; sa
tête même ne lui appartient pas ! un janis-
saire, un Turc, peuvent en disposer à leur
gré. Ainsi, sur la terre la plus fertile, l'Égyptien est en proie à une famine habituelle.
Frappé de cette insouciance de l'Arabe, qui,
en laissant ses champs à peu près incultes,
préfère sa détresse oisive à une aisance laborieuse, j'en témoignai ma surprise à un des
habitants. « Que voulez-vous ? me dit-il ; nous
comprenons bien que notre vie serait moins
malheureuse si nous cultivions nos plaines
fertiles, et que nous pussions profiter du fruit
de nos travaux ; mais quand même ces champs
immenses seraient couverts des plus riches
moissons, nous n'en serions pas moins ré-
duits à mourir de faim. Le pacha enverrait

ses agents enlever nos récoltes ; il nous les
paierait ce qu'il voudrait, et nous forcerait
ensuite à les acheter bien au-dessus de leur
valeur et de nos moyens. Ainsi, autant vaut-
il que nos jours de malheur s'écoulent dans
l'oisiveté ; alors, du moins, la fatigue ne s'a-
joute pas à notre misère. » Le raisonnement
de cet Arabe me parut très juste, et je le quit-
tai en déplorant le sort d'un peuple que la
tyrannie condamnait à la paresse. Oh ! combien de fois mon ame a été déchirée, en voyant
des êtres humains attendre comme de vils
animaux que nos marins leur jetassent des
débris de pastèques ou d'ognons pour les
manger avec avidité ! et c'était sur la terre
des Sésostris et des Ptolémée que j'observais
une telle dégradation de l'espèce humaine !

Louqsor est bâti sur les ruines d'un vaste
palais. L'entrée qui regarde le nord est simple et majestueuse. On voit d'abord un propylée remarquable par ses dimensions et par
les dessins qui décorent ses faces. En avant
du propylée se voient deux colosses en granit
noir de vingt-cinq pieds de hauteur. Comme
toutes les statues égyptiennes, celles-ci sont

assises, les mains étendues sur les cuisses;
sur leur tête est posé un lourd bonnet royal,
et on lit sur leurs épaules le nom de Rhamessès II, qui les fit sculpter. Devant ces colosses
étaient les deux obélisques que nous avons
décrits, et dont un vient d'être par nous apporté en France.

Lorsqu'on a franchi le propylée et qu'on
entre dans le palais, on trouve successive-
ment plusieurs colonnades, mais toutes plus
ou moins ruinées et enfoncées dans le sable.
Au centre de l'édifice, quatorze colonnes, pla-
cées sur deux rangées de trente pieds de circonférence, et portant pour chapiteau la fleur
du lotus, composent la plus belle colonnade
qui reste parmi ces ruines. Au sud existent
d'autres rangées de colonnes plus petites et
d'un goût moins parfait.

La région du temple qui regarde le sud a
servi de demeure à notre équipage; les logements de l'état-major furent construits au-
dessus, c'est-à-dire sur l'entablement des
colonnes. C'est là que nous avons séjourné
pendant une année entière, privés de toute
espèce de distractions, en proie à la fatigue

et aux maladies. Nous n'étions pour ainsi dire
plus de ce monde; tout ce qui nous environ-
nait portait l'empreinte de la destruction :
des ruines, des tombeaux, des hommes, sur
lesquels semblaient peser les dieux de l'Égypte
courroucés, ne réveillaient en nous que des
pensées lugubres. C'est alors que nos souvenirs
se reportaient vers notre belle France, et que
la crue du Nil nous paraissait tardive! Qu'eût-
ce été encore sans les ressources de l'étude?
J'avoue, pour mon compte, que je fusse mort
d'ennui sans la distraction que m'apporta
l'histoire naturelle. Je me plus à étudier les
animaux de ces contrées, ce qui me met à
même d'en dire ici quelques mots.

Les différentes espèces d'insectes qu'on
trouve dans la Haute-Égypte se réduisent à
une trentaine, dont les plus communes sont
les buprestes verts, les scarabées et les sau-
terelles. Ces dernières, qui sont un vrai fléau
pour les moissons, forment quelquefois,
comme nous l'avons vu, des nuées si épaisses,
que le jour en est obscurci. Il faut ajouter
le scorpion, espèce d'insecte ou mieux d'a-
rachnide très commune, et que nous trou-

vions fréquemment dans nos demeures. Il y
en a de trois espèces, de jaunes, de roux et de
blanchâtres; mais ils se ressemblent tous
quant à la forme, qui est celle d'une moyenne
écrevisse. La piqûre de cet animal est suivie
d'accidents assez graves : elle est accompa-
gnée de symptômes inflammatoires chez les
tempéraments sanguins, et de mouvements
spasmodiques chez les personnes nerveuses.
Le seul remède qui m'ait constamment réussi
pour apaiser les douleurs est l'application
de l'ammoniac liquide sur la partie, faite immédiatement après la piqûre, et suffisamment
réitérée. Parmi les oiseaux, on remarque l'oie
du Nil, la macreuse, la sarcelle, le col-vert, le
court-vite-isabel, le tentalus-ibis, l'aiguette,
le vautour-arian, le vautour-griffon, l'éper-
vier, la chouette, la buse, le milan, le cara-
dius-niloticus, le mérops, le ganga-seta-
rius, etc.

Les environs de Louqsor sont bas, et s'élè-
vent bien peu au-dessus du niveau du fleuve ; le
terrain est sablonneux et entrecoupé de mares
et de ruisseaux qui le fertilisent, mais aux dépens de la salubrité. A un quart de lieue et au

nord de Louqsor est un petit village nommé *Karnac*, qui offre dans ses environs les plus beaux restes de l'ancienne Thèbes ; là semble revivre encore la magnificence des Pharaons.

En se dirigeant de Louqsor vers les ruines de Karnac, on parcourt d'abord deux allées de sphinx, conduisant chacune à un propylée ruiné, dont il ne reste plus que la porte qui figure un arc de triomphe. Ces sphinx en pierre de grès ont été, quoique très nombreux, mutilés tous sans exception ; ils sont mieux conservés dans une allée qui coupe à angle droit une dès premières. Des deux portes ou arcades, celle de l'orient est en granit rose, et s'élève au milieu de ruines provenant sans doute de son propylée ; l'autre, tout-à-fait isolée, est d'un travail admirable ; toutes deux regardent le sud.

Lorsqu'on a franchi cet arc de triomphe, on arrive, en passant au milieu d'autres sphinx également endommagés, dans un édifice assez vaste et d'un aspect imposant ; c'est un temple que les ans et la barbarie ont en partie détruit. Presque tous les cartouches gravés dans son intérieur portent le nom de Rhames-

sès III. En se dirigeant vers l'ouest, on remarque un petit sanctuaire fort gracieux, dont
l'entrée regarde l'occident; il est dû aux Ptolémée.

A mesure que l'on marche vers le nord, on
voit s'élever dans les airs le sommet de deux
obélisques d'une hauteur inégale. On aperçoit
en même temps une masse énorme de débris,
s'étendant de l'est à l'ouest; ces débris sont
ceux du palais de Karnac. Deux pylônes servaient d'entrée à ce grand édifice. Le propylée
ouest est un des plus grands que les Égyptiens
aient construits. Le reste n'offre pas un intérêt assez puissant pour racheter le détail
d'une longue description.

Nous allons pénétrer maintenant dans le
somptueux portique du palais de Rhamessès.
Son entrée s'annonce par un immense pylône, qui n'est malheureusement plus qu'un
vaste monceau de ruines. La porte construite
dans ce propylée est d'un effet admirable;
elle est décorée de grandes figures, sur lesquelles la peinture et l'architecture ont réuni
tous leurs prestiges. Les couleurs, après trois
mille ans, sont encore d'une assez fraîche

conservation. A droite et à gauche du portique apparaissent debout deux colosses en
granit rouge, hauts d'environ vingt pieds. Ces
colosses, dont l'un est assez bien conservé,
ont une pose noble et fière; leur attitude me-
naçante semble indiquer qu'ils sont placés là
pour protéger contre les impies la majesté du
lieu sacré.

En franchissant le portique, on est frappé
par la masse des objets qui s'offrent aux regards; plusieurs rangées d'immenses colonnes,
au nombre de cent quarante-quatre, rem-
plissent cette vaste enceinte de trois cents
pieds de longueur. De ces colonnes, dont
beaucoup sont renversées et d'autres enfouies
dans le sable, les deux plus belles sont celles
du milieu, qui portent soixante-dix pieds de
hauteur sur trente-deux de circonférence.
Toutes, ainsi que la plupart de celles que
j'ai rencontrées dans ces ruines, sont cou-
ronnées de la fleur du lotus.

Les murs au dedans et au dehors présentent une quantité infinie de dessins relatifs à
Rhamessès.

En sortant du portique dans la direction

de l'est, on rencontre de nouvelles ruines
que dominent des colosses debout, ayant les
bras croisés et tenant en main le sceptre et
le fléau. On arrive bientôt après à deux
obélisques dont l'un est encore sur sa base.
Ce dernier est sans contredit le plus beau
de tous ceux qui existent dans les plaines
de Thèbes.

Vient ensuite un propylée ruiné au-delà
duquel sont deux autres obélisques beaucoup
plus petits, dont un renversé.

Bientôt se présente une porte faite en
pierre de grès, qui conduit à un sanctuaire
qu'on suppose avoir été la partie principale
du temple de Karnac. Les murs en sont
ornés de figures sculptées et coloriées sur le
granit. Pour terminer ce qui concerne la description du temple de Karnac, nous signa-
lerons une fort belle galerie, qui parcourt
toute sa longueur, c'est-à-dire, une distance
de mille deux cent quatre-vingt-dix pieds,
et enfin un mur d'enceinte qui dessine sa
circonférence sans interruption.

En traversant le Nil pour gagner la rive
occidentale, on découvre à l'opposite de

Louqsor et de Karnac les vestiges d'une ville
, qui dut être opulente ;. et non loin de là
un petit temple qui a reçu par les modernes
les différents noms de Memnonium , Rhamseium , et quelquefois de tombeau d'Osi-
mandias.

Ce Rhamseium, élevé par Rhamessès II ou
le Grand, regarde l'orient. Une rangée de
colonnes et une autre de piliers, et plusieurs
colosses, dont quatre font face à l'entrée du
temple, ont fixé surtout mon attention.

Au-dessus du propylée de cet édifice gît
sur le dos un énorme colosse en granit
rouge tout brisé et dont la pose était assise.
On sait aujourd'hui que c'est celui de Rhamessès le Grand. Cette statue avait soixante
pieds de haut, et son poids peut-être évalué
à trente-deux milliers ; une grande étendue
de terrain est couverte de ses débris.

A un quart de lieue du Rhamseium, vers
le sud-ouest, sont assis deux colosses de
quarante pieds de haut, et qui s'aperçoivent
de très loin. Les ruines qui les entourent
annoncent assez qu'ils étaient les gardiens
de quelque temple. Un de ces deux colosses,

celui du nord, a joui chez les anciens d'une
grande célébrité : c'est la fameuse statue que
les voyageurs de l'antiquité venaient saluer
comme étant celle de Memnon, qui tous
les jours, au lever de l'aurore, exhalait des
soupirs mélodieux. Tous les personnages de
Rome et de la Grèce, qui allaient en Égypte
pour entendre cette merveille, s'inscrivirent
sur la statue objet de leur curiosité ; aussi est-
elle toute couverte de noms grecs et latins. Le
véritable personnage qu'elle représente est
Amunoph III, et c'est par une supercherie
intéressée que les prêtres du lieu la faisaient
passer pour celle de Memnon.

A l'ouest de la plaine, on aperçoit sur
un monticule la ville de Medinet-Aban, du
milieu de laquelle s'élève un temple d'une
architecture colossale et magnifique : propy-
lées, colonnes, arcs de triomphe, tout est
d'une beauté vraiment sublime. Dans les premiers âges de l'ère chrétienne, les Coptes
y avaient élevé un monument en l'honneur
du nouveau dieu qu'ils adoraient ; aussi voit-
on quelques bâtisses mesquines portant
le signe du Christ, et formant un singulier

contraste avec la majesté de l'architecture
égyptienne.

Mais ce qui est digne d'admiration, ce
sont les sculptures coloriées que portent
les murailles, représentant des scènes de
bataille et de religion. Ici c'est le souverain
de l'Égypte, debout sur son char, à la tête
de son armée, et mettant ses ennemis en
fuite : là, c'est une offrande de prisonniers
faite à la statue du grand Ammon. Plus loin,
la représentation du droit affreux de la
guerre : les vaincus sont conduits devant un
bourreau qui leur coupe les poignets et les
élève en tas comme un trophée. Un officier,
la plume à la main, enregistre de sang-froid le
nombre des mutilés, et tient note exacte de
cette sanglante exécution. Enfin, ailleurs, on
voit les superbes Pharaons inclinés devant les
dieux de l'Égypte, et leur rendant ainsi l'hu-
miliation qu'ils faisaient subir aux hommes.

Je n'avais plus à voir, aux environs de
Louqsor, que la Nécropole, dont je remis la
visite à un autre moment, étant jaloux depuis
long-temps d'observer les cataractes du Nil.
Comme l'état sanitaire de notre équipage était

parfait, je crus pouvoir me permettre cette petite excursion, et je partis.

Le 3o janvier, accompagné de plusieurs officiers, je me mis donc en route, dans une petite cange qui nous fit remonter le Nil. La première ville que l'on rencontre est Nato-polis l'ancienne, aujourd'hui Esné, située sur la rive gauche du fleuve et à douze lieues de Louqsor. Assez grande et assez peuplée, elle possède quelques ruines consistant en un beau portique à vingt-quatre colonnes et en un zodiaque assez curieux.

A six lieues au-dessus de ce point est la ville d'Edfan, également assise sur la rive gauche du fleuve. On y remarque un temple turc, vaste et richement décoré, dont le portique est composé de dix-huit colonnes.

En poursuivant notre route, nous pas-sâmes entre les carrières de sable nommées Gebel-Selseleh par les Arabes, nous promet-tant de nous y arrêter à notre retour. A sept lieues au-dessus sont les ruines d'Ombas, temple magnifique que les débordements du Nil ont envahi.

Le 8 février, nous arrivâmes à Assouan,

nommée autrefois *Syenne*, la dernière ville
d'Égypte sur les frontières de Nubie. Cette
ville, un peu moins grande qu'Esné, est bâtie
sur la rive droite du Nil. Dans ses environs
se voient les carrières de granit d'où les anciens Égyptiens ont tiré les matériaux de leurs
plus beaux monuments.

Le 9, nous mîmes pied à terre, pour que
notre cange fût plus légère en franchissant la
cataracte, qui offre de vrais dangers. Lorsqu'un bateau doit franchir ce passage difficile, les bateliers le tirent avec une corde en
marchant sur les rochers, et s'il échoue, ils
se jettent à la nage pour le remettre à flot.
Cette manœuvre fatigante, employée pour
notre cange, dura près de deux heures.

Pour nous, après une heure de marche
dans le désert, nous nous rapprochâmes du
fleuve, et nous nous vîmes bientôt au milieu
de la cataracte; elle consiste en une grande
quantité de rochers, à travers lesquels passe
le Nil en bouillonnant et formant des chutes
d'eau hautes de quelques pouces seulement.
Cette première cataracte franchie, nous re-
montâmes dans notre cange, et bientôt après

l'île Philoë se présenta devant nous. Elle est petite et toute couverte d'anciens monuments où sont jetés des bouquets de palmiers qui produisent un heureux contraste.

Le 10 février nous étions dans la Nubie, et en poursuivant notre navigation, nous rencontrâmes à Ossady-Hasfah la seconde cataracte, qu'un espace de quatre-vingts lieues sépare de la première; elle n'en diffère que par les chutes d'eau, qui sont un peu plus grandes.

Ce fut là le terme de notre course, et le 26 nous descendîmes le fleuve pour regagner Louqsor. Parmi le grand nombre de monuments dont est parsemée la Nubie, je me bornerai à parler des deux plus intéressants, qui sont les excavations d'Ebsambol et de Kircheh. Ces deux noms sont ceux de deux montagnes situées sur la rive gauche du Nil, qui présentent, creusés dans le roc, deux temples assez vastes, monuments qu'on peut mettre au nombre des ouvrages les plus étonnants des Égyptiens. Le plus grand des deux temples est orné de quatre colosses assis et hauts de soixante-douze pieds. Dans l'inté-

rieur, on parcourt quatre salles où se retrouvent encore des colosses et des divinités d'une
taille moyenne. L'autre présente les mêmes
dispositions dans des proportions plus petites.

Le temple de Kircheh, sur la même rive,
est également creusé dans le roc; son entrée
se présentait par une allée de statues et de
sphinx qui sont presque détruits. Les décrire serait répéter, à peu près, ce que nous
avons dit dans notre précédente description.

Vers la Nubie inférieure, les deux rives du
fleuve n'offrent que sables ou rochers; les
terres un peu dignes de culture y sont fort
rares, et cependant le Nubien est plus heureux que l'habitant de la Haute-Égypte. Cela
tient à ce que son bras actif sait tirer un parti
favorable du peu de terrain fertile que lui a
légué la nature. Mieux vêtu, mieux nourri, il
est affable et même hospitalier. Cette différence
dans les mœurs de deux pays voisins con-
firme encore cette vérité connue, bien appli-
cable à l'habitant de la Thébaïde : que le
malheur est égoïste.

Le 5 mars, nous étions de retour à l'île de
Philoë, et le 7 nous observions les carrières

de Gebel-Selseleh. Elles occupent les deux rives du Nil, dans une étendue d'environ une lieue. C'est de là que les Égyptiens tiraient leurs pierres de construction. Sur la rive gauche se retrouvent encore des grottes taillées dans le roc, au fond desquelles sont assises de petites divinités. N'ayant plus rien à visiter, nous poursuivîmes sans détour notre navigation, et le 11 mars nous étions de retour à Louqsor.

Notre arrivée fut signalée par un malheur qui afflige encore mon ame : le maître forgeron du bord était venu me prier de lui prêter mon fusil, avec tout l'attirail de chasse; je n'avais pas cru devoir accéder à sa demande : que n'ai-je, pour ce malheureux, persisté dans mon refus! Le lendemain au soir il m'adressa la même prière avec tant d'instance, que je n'eus pas la force de lui résister. Le 13 au matin, donc, il partit; mais pour ne plus revenir. Il se sera sans doute engagé trop avant dans le désert, et les Arabes l'auront assassiné pour le dépouiller. De nombreuses recherches, tentées pour le découvrir, restèrent infructueuses. Ce fut l'occasion dé

quelques bastonnades administrées aux chefs
des villages environnants pour les forcer à le
retrouver ; malgré cet ingénieux moyen ,
notre compagnon de voyage fut perdu pour
nous.

Vers la fin du mois de mars , nous éprou-
vâmes les terribles effets de ce fameux
vent du sud que les Arabes appellent *krensim* ; ce mot signifie *cinquante jours*, non
parce qu'il souffle durant ce temps , mais
parce qu'il règne dans les cinquante jours
qui précèdent et suivent l'équinoxe. Les voyageurs l'ont fait connaître sous le nom de *vents
du désert* ou *vents empoisonnés*. Le krensim
est si brûlant, que lorsqu'il souffle il semble qu'on soit plongé dans une fournaise. Le
13 avril, jour de son invasion, le soleil s'é-
clipsa et se couronna d'un disque violacé ;
l'air, chargé d'une poussière fine, couvrait
tous les objets d'une espèce de voile. Ce corps
étranger, et plus encore la raréfaction de l'atmosphère, tourmentait la respiration, devenue laborieuse et précipitée. Malgré un grand
développement de chaleur, la peau restait
sèche et ne reprenait point ses fonctions, bien

que l'on satisfît à tout moment une soif ar-
dente. Le krensim enflamme le sang, exalte
le système nerveux, et fait sentir à celui
qu'il opprime les premiers symptômes d'une
asphyxie mortelle. L'homme et l'animal s'in-
quiètent, s'agitent, pour trouver un air plus
respirable, semblent se fuir eux-mêmes et se
débattre pour secouer une existence devenue
douloureuse.

La durée de cet ouragan fut de six heures,
pendant lesquelles nous restâmes couchés
dans nos chambres, pour tenter, mais vaine-
ment, de nous dérober à son influence. Le
20 et le 28 du même mois, la même tempête
se reproduisit, mais pendant deux heures
seulement et avec un appareil moins formi-
dable. M. de Châteaubriand a peint dans ses
Martyrs ce même ouragan avec les couleurs
du style magique qui lui appartiennent. Sa
plume, brûlante comme le krensim, fait pour
ainsi dire haleter le lecteur.

Nous allons entrer maintenant dans la Nécropole et visiter le séjour de la mort. Lorsque
de Thèbes on se rend sur la rive gauche du
Nil pour parcourir ses nombreux monu-

ments, on a coutume de débarquer sous un vieux sycomore, dont les longs bras ombragent au loin la terre; le tronc vermoulu de ce patriarche du Nil atteste que depuis longues années il voit à ses pieds couler l'eau du fleuve.

Après nous être reposés sous son feuillage épais, nous prîmes vers l'ouest un sentier qui nous conduisit à un petit temple en ruines. Là le chemin se divise : une de ses branches tourne au nord-ouest, conduit dans la vallée de Biban-el-Molouk ; l'autre s'enfonce dans celle de Ghourna, dont j'ai fait connaître les monuments ; je n'ai donc plus qu'à parler des tombeaux des rois creusés au sein d'une montagne dans la vallée de Biban-el-Molouk, qui signifie *porte des princes.*

Le chemin qui conduit à cette vallée commence sur les bords du désert, à vingt minutes de la rive occidentale. Ce chemin long, découvert, sablonneux, s'engage entre deux chaînes de montagnes. Arrivé devant un grand rocher qui simule assez bien une statue assise, le chemin dessine un coude pour se porter vers l'ouest; un autre contour le dirige au

sud-ouest, et, après une heure de marche
sur un terrain pierreux, on trouve un défilé
qui paraît avoir été pratiqué à mains d'hommes dans le flanc d'un monticule. Ce passage
franchi, on entre dans le séjour des tombeaux.

La vallée de Biban-el-Molouk est étroite,
longue et pressée entre de hautes montagnes;
aussi la chaleur y est-elle très concentrée. Les
tombeaux des rois, creusés au pied de ces
monts, y forment vingt caveaux. Les plus
intéressants de ces tombeaux sont ceux qui
portent les numéros 6, 9, 11 et 17, selon
l'ordre établi par notre savant Champollion.

Le numéro 17 s'appelle *tombeau de Bal-
zoni,* du nom de l'Italien qui l'a découvert.
Ce voyageur ayant aperçu une galerie sou-
terraine creusée dans la montagne, la suivit,
et, après avoir franchi quelques obstacles, il
arriva jusqu'à une ouverture qui communi-
quait dans la chambre principale du tombeau
où était le sarcophage; s'étant alors introduit
dans l'excavation, il trouva plusieurs salles
de différentes grandeurs, et parvint à la véritable entrée, qui était murée.

Ce tombeau est de tous le plus remarquable et le plus intact. On gravit d'abord un
escalier assez rapide , qui mène à trois chambres successives , longues et étroites , portant
sur leurs murs des figures et des hiéroglyphes
habilement coloriés. Une quatrième chambre , plus large , où l'on remarque plusieurs
peintures fraîches et brillantes , aboutit à une
salle dont le plafond est supporté par quatre
piliers quadrilatères, dans laquelle se retrouvent encore de semblables figures. Une dernière salle ne porte sur ses murs que des
esquisses, mais d'une telle beauté, d'une telle
hardiesse de création , qu'on peut les considérer comme une œuvre de génie. Ici , le défaut d'issue oblige l'observateur de revenir
sur ses pas.

J'ai déja parlé de la salle à quatre piliers :
celle-ci présente à gauche un escalier qui conduit à quatre galeries qui se succèdent en
pente ; leurs murailles sont chargées d'hiéroglyphes et de figures. Vient ensuite une salle
à piliers qui s'ouvre dans celle du sarcophage.

Cette salle est en berceau cylindrique et
d'une richesse extrême. Des couleurs vives et

artistement harmoniées, figurant les symbo-
les du culte égyptien, produisent sur l'ame
une impression tout-à-fait magique. On voit
encore au centre la place du sarcophage enlevé par Belzoni. A gauche est une salle d'of-
frandes, où cet Italien trouva des objets d'un
grand prix. La visite de ce tombeau se termine à une pièce à piliers dépourvue de dessins et de sculptures, où fut déposé le cercueil
d'Osiris Ier.

Non loin du tombeau que je viens de décrire, et sur la même ligne, se trouve celui
du numéro 11, qui se distingue par son ordon-
nance et l'intérêt de ses dessins. Ce tombeau
très profond est composé de deux parties :
lorsqu'on pénètre dans l'excavation, il se présente à droite et à gauche de la porte, et sculptées dans la muraille, deux têtes de taureau
fixées sur deux espèces de tiges. La porte franchie, on entre dans une chambre longue et
étroite où aboutit une série de petits cabinets qui méritent d'être vus : ces cabinets, au
nombre de quatre de chaque côté, représentent des instruments de labourage, différentes
scènes d'agriculture, l'attirail de la marine,

enfin l'appareil des arts, soit industriels, soit
d'agrément. Au bout de la grande salle, ce
tombeau change de direction en dessinant un
coude, reprend ensuite sa première direction,
et se continue ainsi jusqu'au fond de l'excavation.

La seconde portion du tombeau, qui commence à partir du coude, se prolonge beaucoup plus avant que la première : c'est une
suite de salles avec ou sans piliers et de
grandes galeries revêtues de sujets religieux
et symboliques. Ce tombeau renfermait les
dépouilles de Rhamessès III.

Le tombeau du n° 9, placé dans la dernière
salle de l'excavation, intéresse sous le rapport
du sarcophage qu'il renferme. Il est d'un
beau granit; sa forme, qui est celle d'un
carré long, est surmontée d'un couvercle
pyramidal où se trouvent encore des peintures,
et entre autres, sur le plafond, deux grandes
figures de femmes qui embrassent un zodiaque. Quant au sarcophage qui occupe le
centre de la salle, il est d'une très vaste
dimension et habilement sculpté. On y remarque, en plusieurs endroits, le cartouche

du roi dont il renfermait le corps, c'est-à-dire de Rhamessès VIII : le reste est de peu d'intérêt.

L'entrée du tombeau n° 6, qui était celui de Rhamessès VII, est encombrée au point qu'on ne peut pénétrer dans l'intérieur qu'en se traînant sur le ventre. Il se compose de deux galeries et de deux chambres assez étroites. Les peintures de ce tombeau seraient plus curieuses que toutes les autres, si l'on considérait comme sources d'intérêt ce qui choque ouvertement la décence. Dans le symbole de la vie et de la mort, le pinceau de l'artiste a été d'une hardiesse telle que notre plume se refuse à la reproduire; ce que nous pouvons seulement répéter, c'est que la figure d'homme chargée en mourant de donner l'existence à un nouvel être, exhale un souffle qui est l'ame représentée sous la figure du scarabée. Les dessins du plafond ne démentent point celles des murailles : le cynisme y est d'une vérité tout-à-fait flagrante.

La dernière chambre, qui se respecte mieux, est ornée, à son plafond, des signes du zodiaque embrassés par les deux grandes figures

de femmes, symbole du ciel. Ici se termine
la description de ce qu'on voit de plus remarquable dans la vallée des tombeaux.

Nous étions au mois de juin, et la crue
du Nil se faisait toujours attendre. L'impatience de l'équipage était grande ; nos marins
l'appelaient de tous leurs vœux, par le désir
si naturel de revoir la patrie. Ce besoin fut
encore plus vivement senti par le développement d'une des maladies épidémiques de
ces contrées. Dans les premières journées du
mois, le thermomètre s'éleva brusquement
de plusieurs degrés : cet excès subit de température détermina une dyssenterie intense
qui fut fatale à trois des nôtres. Le nombre
des marins et des ouvriers atteints de la maladie devint si grand que, vers le 15, le tiers
d'entre eux remplissait l'hôpital ; un matelot
et un novice succombèrent en dix jours à
cette grave affection. La mort de ces deux
hommes, bien que déterminée en grande partie par leur imprudence, répandit parmi
tous les malades la consternation et le dé-
couragement. Ils accusaient la médecine d'im-
puissance contre leur mal, regardaient l'É-

gypte comme leur tombeau, et demandaient
qu'à tout prix on les renvoyât en France.
M. Verninac, notre commandant, pour qui
l'équipage ne saurait avoir trop de reconnaissance, tint dans cette circonstance cri-
tique une conduite aussi sage que paternelle.
Il eut la bonté de se transporter avec moi
à l'hôpital, où une allocution, pleine à la
fois de bienveillance et de fermeté, remonta
le moral de nos malades. Pour mon compte,
je leur promis la guérison, en assurant
que la maladie n'était point alarmante,
pourvu qu'ils observassent le régime dont
l'oubli avait été funeste à leurs camarades;
ils me le promirent, et furent fidèles à leur
parole, comme moi à la mienne. Un d'eux
cependant fit exception, et paya cher son
indocilité. Ce marin, d'un appétit vorace,
s'étant un jour introduit dans la chambre
où cuisait le riz, en dévora deux livres, et
succomba presque immédiatement.

L'heureux succès de mon traitement sur
les autres dyssentériques me fit déplorer
que ces trois hommes aient été la cause vo-
lontaire de leur perte. Je puis dire, sans

me donner un éloge que j'attends de la justice seule, que le zèle, les soins et l'activité
n'ont pas un instant manqué à des hommes
que j'aimais comme Français, comme com-
pagnons de voyage et comme malades. Aussi,
n'étant pas moi-même à l'abri des fléaux humains, je me vis, par l'extrême fatigue que
j'eus à supporter, en proie à une affection qui
mit un instant ma vie en danger. Je fus pris
en effet d'une congestion cérébrale qui revê-
tit bientôt les symptômes les plus intenses.
Grâce à la médication prompte et éclairée
de M. Pons, mon second, le mal fut arrêté à
son origine, et mon service resta peu de
temps interrompu. Je dois aussi mon tribut
de reconnaissance à tous nos officiers, et
principalement à M. Joannis, notre lieutenant, qui m'entoura des soins les plus délicats
et les plus assidus.

Quant à nos officiers, peu d'entre eux
furent assez heureux pour échapper aux affections inhérentes au pays. MM. Verninac,
Joannis, Jaurès et notre ingénieur, M. Lebas,
ont été, à différentes époques, frappés de
maladies inflammatoires plus ou moins gra-

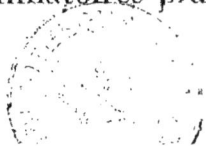

7

ves, mais dont la terminaison fut toujours favorable.

Au mois de juillet, tous nos marins et ouvriers étant rétablis, je crus l'épidémie éteinte, lorsqu'une recrudescence du fléau le ramena avec des caractères beaucoup plus alarmants. Les mêmes moyens curatifs, que je répétai, eurent moins de succès, ce que j'attribue à l'affaiblissement qu'avait éprouvé, pendant toute l'expédition, la santé de notre équipage.

Au mois de juin, MM. Baude, Blanc et Jaurès, en attendant le jour de notre départ, crurent pouvoir se permettre une excursion jusqu'à la mer Rouge. Ils partirent, sous l'escorte de sept Arabes, qui répondaient d'eux sur leur tête : telles étaient les conditions du mamourth de la Haute-Égypte. Aussi les pauvres Arabes, qui connaissaient la valeur de ces paroles de sang, firent si bien qu'il n'arriva aucune malencontre à notre petite caravane; il est vrai qu'ils étaient terriblement armés, comme on va le voir : tout l'arsenal de leur village ayant été mis à contribution, ils se trouvaient porteurs de deux fusils et de trois pistolets, dont les uns sans chien et les autres sans pierre; quant à la poudre, il n'en fut pas question. Néanmoins ils étaient tout fiers de leur attirail guerrier et partirent bravement, prêts à faire face au nombre et à la force.

Voilà l'escorte sous laquelle, le 13 juin, nos trois officiers se mirent en route, et cependant ils avaient à parcourir quarante lieues de désert, espace plus grand qu'il ne le faut pour rencontrer le danger et la mort.

Après qu'ils eurent côtoyé, à la distance de cinq lieues, les bords du Nil, ils arrivèrent à Haïazé, où ils firent provision d'eau pour tout le voyage. La modeste caravane était ainsi composée : quatre chameaux chargés d'eau, un de vin, un de pain, un de charbon, un autre de volailles et légumes, et le dernier portant la tente et les accessoires. Enfin trois dromadaires servaient de monture aux officiers. Tout fut disposé avec ordre. L'Arabe conducteur se plaça en avant, les chameaux chargés de bagage le suivaient, et les dromadaires fermaient la marche.

L'heure du départ étant venue, le conduc-

teur entonna, en guise de chanson, une espèce
de râlement qui avait sans doute de l'har-
monie pour lui et pour ses chameaux, mais
fort peu pour nos voyageurs. Les quadru-
pèdes l'eurent à peine entendu, qu'ils se
mirent en marche, accélérant le pas ou le
ralentissant selon que le chant était *allegro*
ou *largo*. Aussi lorsqu'une caravane veut
aller à grandes journées, le conducteur ne
cesse pas un instant de chanter, et s'il est fatigué, un autre Arabe reprend la musique.

Ils marchèrent toute la nuit dans les sables
ou sur les coteaux formés d'une pierre friable.
Le lendemain, à 9 heures du matin, ils cam-
pèrent et ne se mirent en route que le soir.
Le 17, ils étaient arrivés à Cosséïr sans qu'aucun événement eût signalé leur voyage,
n'ayant rencontré que quatre caravanes chargées de marchandises de l'Inde et composées
d'environ quatre-vingts chameaux.

L'effendi ou chef de Cosséïr, pour lequel
ils avaient des lettres de recommandation du
mamourth de la Haute-Égypte, les accueillit
parfaitement, et s'empressa de leur procurer
une maison pour se loger avec leurs équipages.

Cosséïr, ville de l'Arabie, située sur le bord
occidental de la mer Rouge, compte une population d'à peu près vingt mille ames. Ses
environs ingrats, dépourvus de toute espèce
de verdure, ne présentent à l'œil que des
rocs et des sables arides. Cette ville, qui semble jetée sur les confins du monde, n'a pas
même l'eau que la Providence a partout répandue; il faut l'aller chercher à dix lieues :
mais sa position, qui en fait le centre du commerce des Indes et de l'Europe, lui rend en
or ce qu'elle perd en avantages naturels.

La mer de Cosséïr est très poissonneuse.
Son port est assez vaste, mais il est bordé
de rescifs qui en rendent l'abord très périlleux.

Le 24 juin, nos voyageurs étaient de retour à Louqsor. Comme ils n'avaient eu qu'à
se louer de leurs conducteurs, ils les grati-
fièrent d'un peu de poudre à tirer, ce qui
mit ces bonnes gens dans un tel état de
joie qu'ils en bondissaient; car pour eux la
poudre est une denrée peu commune, et à
leur départ pour Cosséïr ils n'avaient pu
s'en procurer un grain.

Le mois de juin était à peu près écoulé, et le Nil ne commençait pas encore à croître. En général, nous étions tous fatigués du séjour de la Haute-Égypte. Désormais nous n'avions plus rien à voir dans cette contrée ; nous étions pour ainsi dire aussi rassasiés de ses merveilles que fatigués de son soleil. En vain les Almées, espèce de bayadères à visage tatoué, venaient-elles, de temps à autre, rompre la monotonie de notre exil ; ce spectacle, qui peut avoir quelque charme pour les Orientaux, en avait fort peu pour nous. Les Almées sont des troupes de filles qui, sous la conduite d'un Arabe, parcourent les villes en exécutant, moyennant rétribution, des danses lascives, plutôt faites pour exciter le dégoût que la volupté ; mais les Turcs aiment beaucoup ce divertissement, et chez eux une fête est incomplète si elle ne se termine par la danse des Almées. Cependant les mœurs, en Égypte, ne sont pas tellement corrompues qu'on y tolère la débauche ; loin de là, sous un ciel où les sens parlent si fortement, on punit de mort la femme qui manque à la chasteté ; malheur même à celle qui, rencontrant un

homme, oserait lever les yeux sur lui; les
eaux du Nil deviendraient sa sépulture. Aussi
n'avons-nous pas eu souvent occasion de voir
à Thèbes des visages de femmes. Lorsque le
hasard nous en faisait rencontrer quelques-
unes, elles avaient toujours la précaution de
se cacher la figure; mais comme elles le faisaient en relevant le devant de leur robe,
elles ne voilaient une partie qu'aux dépens
d'une autre qu'on a coutume, chez nous, de
dérober aux yeux.

Les vents les plus constants dans la Haute-
Égypte sont ceux de nord et de nord-ouest.
Depuis le mois de décembre jusqu'au mois
d'avril, le froid se fait assez sentir le matin et
le soir pour qu'on éprouve le besoin de se
chauffer. Pendant cette saison, j'ai entendu
tonner deux fois, et vu quatre fois pleuvoir;
ce qui prouve combien est rare cette circonstance météorologique.

La crue du Nil, en 1832, fut très tardive;
elle ne devint sensible que vers la mi-juillet,
tandis qu'ordinairement elle commence au
milieu de juin. En outre, sa progression était
très lente; on aurait dit que les dieux égyp-

tiens voulaient nous punir de leur avoir enlevé une de leurs merveilles. Ce contre-temps
nous désespérait. Cependant au mois d'août
l'eau toucha notre navire, et l'impatience de
voir notre *Louxor* à flots nous fit compter dès
lors les heures et les minutes. Des paris furent
ouverts dont un dîner fut le prix, et enfin,
le 18 août, l'allége se sentit soulevé par les
eaux.

Il y a long-temps que je navigue; j'ai habité
les colonies, que j'ai quittées deux fois presque au·bord du tombeau; mais je n'ai jamais
éprouvé une sensation aussi vive que le 25 avril,
jour fixé pour notre embarquement. Cette
joie, tout le monde la partageait : on aurait
dit que des exilés, condamnés à ne jamais
revoir la patrie, allaient rentrer dans son sein
après une longue absence.

Je faisais mes préparatifs de départ, et, à
cette occasion, je prie le lecteur de me passer encore une légère digression, qui ajoutera un nouveau trait à la peinture des mœurs
orientales. J'avais reçu du nahser de la province de Louqsor, pour prix de quelques
soins, une jolie hiène apprivoisée, et cou-

rant tous les jours dans les rues de Cous, petite ville voisine où résidait ce gouverneur.
Comme cet animal naturellement féroce,
mais devenu doux et aimable par l'éducation,
aurait pu me gêner à Louqsor, le nahser l'a-
vait gardé jusqu'à mon départ. La veille, il
ordonna à ses gens de me l'apporter; mais,
soit caprice ou autre cause, elle ne voulut jamais se laisser prendre. Cependant il fallait
obéir, sous peine de recevoir cent coups de
bâton sous la plante des pieds; ce qui n'est pas
plus agréable à un Turc qu'à un chrétien.
Comme le nahser n'avait point prescrit de
l'apporter vivante, ils crurent encore remplir
ses ordres en l'assommant d'abord pour me
l'apporter morte ; ce qu'ils firent si bien, que
lorsqu'ils vinrent mettre humblement à mes
pieds le cadeau de leur maître, la hiène
était déja en putréfaction.

Les matelots étant pour la plupart épuisés
par les fatigues ou par les maladies, nous em-
barquâmes avec nous soixante Arabes pour
leur faire exécuter les travaux les plus rudes.
Après trente-six jours d'une pénible navigation, nous arrivâmes à Rosette, où il nous

fallut séjourner, parce que le fond du bogaz
ne suffisait pas à notre tirant d'eau.

Si nous avions éprouvé de grandes difficultés en remontant le Nil , nous en rencontrâmes de plus grandes encore en le descendant. Les contours du fleuve et l'impétuosité
du courant nous faisaient risquer à tous mo-
ments de voir crever notre navire. C'est au
milieu de ces manœuvres difficiles que notre
commandant déploya ces talents et ce sang-
froid qui caractérisent un habile marin. Il fut
d'ailleurs heureusement secondé par tous les
officiers sous ses ordres : M. Joannis, notre
lieutenant, MM. Blanc, Jaurès et Baude,
lieutenant de frégate, ont donné des preuves
brillantes de savoir et de zèle.

Pendant mon séjour à Rosette, je fus appelé pour traiter une des femmes du nahser
de cette ville, atteinte d'un érysipèle à la face.
Comme il était nécessaire que je visse le mal,
je la priai de lever son voile ; mais je n'y pus
réussir, et, quelques raisonnements que j'em-
ployasse, elle ne put se résoudre à enfreindre
la bienséance musulmane. Le lendemain,
cependant, j'eus la liberté d'examiner sa

langue à travers une ouverture pratiquée au
voile. Je pus aussi lui tâter le pouls, et pour
cela elle me livra seulement le poignet, qu'à
peine elle sortit hors des couvertures. C'est
alors que je reconnus combien était inu-
tile le voile dont se couvrait la malade; la
main que je tenais était toute ridée, et annonçait au moins douze lustres. Bref, cette
femme eût été mieux gardée en se montrant
qu'en se dérobant aux yeux.

Le bogaz demeurant toujours à la même
place, nous allions nous faire construire à
Alexandrie de ces espèces de pontons nommés *chameaux* pour soulever *le Louxor* et le
faire passer par dessus la barre, lorsqu'une
bonne nouvelle nous arriva. Le 30 décembre,
en effet, le pilote arabe accourut pour nous
annoncer qu'un ouragan venait d'entraîner le
bogaz, et que l'ouverture du fleuve avait assez
d'eau pour permettre à notre bâtiment de la
franchir. Notre capitaine, après s'être assuré
du fait, prit ses dispositions pour saisir cet instant favorable. Mais, avant tout, une opération était nécessaire, celle de gréer le navire;
opération qui, même avec un équipage frais,

demande trois ou quatre jours. Cependant le
nôtre l'accomplit en vingt-quatre heures ; et
le 1er janvier 1833, à dix heures du matin, *le
Louxor* faisait ses adieux à la terre d'Égypte.
Dans la matinée du lendemain, à neuf heures,
nous avions mouillé dans le vieux port d'A-
lexandrie.

La saison étant trop mauvaise pour nous
permettre de tenir la mer avec un bâtiment
tel que *le Louxor*, nous attendîmes dans
cette dernière ville le retour du printemps.

Peu de séjours m'offrirent autant d'agré-
ments que celui-ci pendant les trois mois
que nous y passâmes. Je dus cet avantage au
succès avec lequel je traitai deux malades
qu'un médecin anglais venait de condamner.
Ces cures firent tant de bruit dans la ville,
que toutes les bonnes maisons me furent ouvertes ; je devins le médecin à la mode, et
mon couvert se trouvait mis tous les jours sur
trente tables différentes. En retour, les médecins du lieu me rendaient en aversion ce que
les habitants m'accordaient en bonnes grâces.

Les mois de janvier et de février nous offrirent des pluies presque non interrompues ;

leur abondance fut cause d'un affreux désastre : toutes les maisons des campagnes envi-
ronnantes s'écroulèrent, et l'on évalue à sept
cents le nombre des paysans qui périrent sous
les décombres.

La résidence assez prolongée que je fis alors
dans la Basse-Égypte me mit à même de recueillir sur les mœurs de cette contrée des
observations plus complètes. La principale
population de l'Égypte moderne se compose
d'Arabes. Les Turcs qui les gouvernent semblent les opprimer et les tyranniser à plaisir ; le
despotisme exercé sur eux est tel, qu'on a peine
à s'en faire idée : aussi, la misère de ces anciens
maîtres de l'Égypte est-elle à son comble. Leurs
oppresseurs ne craignent pas d'employer,
pour dérober à ces malheureux le peu d'or
qu'ils possèdent, les moyens les plus barba-
res. C'est surtout lors du recrutement que le
despotisme des Turcs devient plus révoltant :
ils s'emparent sans préliminaires de tous les
Arabes propres au service, et les conduisent
comme des bêtes de somme.

Les Arabes qui se livrent à la culture
des terres ou à la garde des troupeaux sont

vifs, ont la physionomie expressive, l'œil en-
foncé et couvert, mais plein de feu; toutes
leurs formes sont anguleuses, leurs membres
musculeux; ils portent la barbe courte et à
mèches pointues; leurs lèvres, qui sont minces et ouvertes, laissent apercevoir de belles
dents; l'habitude de leur corps a plus de force
que de grâce. Ces traits caractéristiques qui
se trouvent dans l'Arabe de la campagne,
appartiennent encore mieux à l'habitant du
désert.

Le costume de ces paysans ou fellah consiste en une robe de laine très grossière et un
petit bonnet bleu en coton ; ceux qui ont
quelque aisance portent une robe de coton
de couleur bleue, et un turban blanc,
rouge ou vert. Le costume des Arabes riches
qui habitent les villes est une robe d'un tissu
assez fin varié en couleur, et ouverte par devant. Une ceinture élégante leur entoure le
corps.

L'habillement des femmes n'est autre chose
qu'une longue pièce de laine noire ou de coton bleu, avec laquelle elles s'enveloppent
tout le corps et se couvrent la figure.

Les Coptes, antique souche égyptienne, ont le teint basané, le front plat, les cheveux demi-laineux, les yeux relevés aux angles externes, la pommette saillante, le nez court, la bouche grande, la barbe rare ; leurs jambes arquées ont de la raideur ; les doigts des pieds sont alongés et plats : tout cela ne constitue pas de beaux hommes.

Les Turcs, par opposition, nous offrent des formes mâles et des beautés sévères : leurs paupières épaisses, leur nez droit, leur barbe longue et touffue, la pose majestueuse de leur corps, distinguent ces tyrans parmi tous leurs esclaves.

Le Grec a l'œil fin et spirituel ; sa physionomie grave et sérieuse offre dans ses traits une délicatesse et une souplesse qu'on retrouve dans leur caractère. On aime à reconnaître en eux le portrait vivant de leurs ancêtres.

Viennent ensuite les Juifs, qui sont en Égypte les mêmes que partout : haïs et méprisés, volant toujours sans devenir très riches, servant tout le monde en ne travaillant jamais que pour eux seuls.

Les productions de l'Égypte sont le blé, le maïs, l'orge, le doura, le riz, le coton, la datte, l'opium et l'indigo. Le doura est le grain avec lequel les Arabes font le pain qui leur sert de nourriture. Toutes les maisons de l'Égypte sont construites en briques cuites au soleil, et recouvertes d'une terre argileuse mêlée de paille ; elles sont presque toutes surmontées d'un colombier, où nichent des pigeons sauvages, animal qui abonde dans toute la contrée.

Le retour du printemps rendit enfin pour nous la mer accessible, et le 1er avril nous partîmes d'Alexandrie, à la remorque du *Sphinx*, que le gouvernement nous avait envoyé. Le vent était au sud-est, faible brise, la mer assez belle, et nous filions sept nœuds. Par malheur, le lendemain ce temps changea : le ciel s'obscurcit, l'horizon devint noir ; la mer grossit, et les vents soufflèrent du nord-ouest avec tant de violence, que notre position devint alarmante. La terre se trouvant éloignée, nous passâmes deux jours dans ce fâcheux état ; mais le 6 le vent, quoique toujours contraire, diminua de violence ;

la mer fut moins agitée, et le temps nous permit de jeter l'ancre devant la ville de Rhodes.

Dans la nuit, le vent de nord-ouest fraîchit; le ciel annonçait une tempête. La rade de Rhodes n'offrant qu'un mouillage peu sûr, nous nous vîmes dans la dure nécessité de nous en éloigner. Nous nous réfugiâmes dans la baie de Marmara, qui se trouve à six lieues vis-à-vis de Rhodes, sur la côte de Caramanie. A peine étions-nous arrivés dans le port, qu'une furieuse tempête éclata. Le vent soufflait avec une force extraordinaire du nord-ouest, variant au nord-est; la pluie tombait par torrents; le tonnerre grondait; l'orage dura jusqu'au 12 avril. Les vents étaient très froids, parce qu'ils passaient sur la neige qui couvrait la plupart des montagnes de la Caramanie. Le thermomètre de Réaumur descendit brusquement à 5°.

Le 13, nous appareillâmes pour nous diriger sur Malte; mais à peine fûmes-nous partis, que le vent contraire nous obligea d'aller mouiller à Milo, où le mauvais temps nous retint deux jours.

. Le 17, ayant fait route pour Navarin, nous
y arrivâmes le 18 à 8 heures du soir; et le 20,
nous étions dans le port de Zante; le 23 dans
celui de Corfou, pour approvisionner *le
Sphinx* de charbon. Là nous reçûmes l'ac-
cueil le plus flatteur de la part du gouverneur, lord Mujan, et des officiers de la garni-
son, qui se disputaient le plaisir de nous avoir
au milieu d'eux. De Corfou jusqu'au cap
Spartivento, il régna des vents d'ouest et de
nord-ouest qui fatiguèrent beaucoup le bâtiment. Arrivés sur les côtes d'Italie, la mer
devint belle, et une brise qui faisait filer quatre nœuds nous poussa jusqu'à Toulon, où
nous mouillâmes le 11 mai au soir. Le 22
juin, on partit de Toulon, toujours remorqué par *le Sphinx;* l'horizon était clair et la
mer houleuse. Le lendemain il survint un gros
temps, et le navire fatigua au point que les marins les mieux accoutumés à la mer en furent
incommodés. Le 30, nous étions dans la baie
de Gibraltar; le 7 juillet, à Algésiras; le 20, à
la Corogne, et le 5 août nous arrivions triom-
phants dans le port de Cherbourg.

C'est là qu'ont fini, après quatorze cents

lieues de navigation, dont deux cents dans le
Nil et douze cents dans la Méditerranée et
l'Océan, les longues fatigues de notre voyage.
Je dois dire à la louange de nos marins que
jamais, au plus fort des travaux, ils n'ont fait
entendre ni plaintes, ni murmures ; loin de se
laisser abattre , leurs efforts grandissaient
avec les difficultés. Il est vrai qu'ils avaient à
leur tête un de ces hommes rares qui, sa-
chant à la fois commander et agir, semblent
pour ainsi dire se multiplier.

Comme le roi devait arriver à Cherbourg
le 31 août, on y retint le *Louxor,* pour que
Sa Majesté et son auguste famille pussent le
considérer sur mer. Nous reçûmes le 2 septembre cette honorable visite, pendant laquelle furent prodigués à l'équipage les paroles du plus vif intérêt et de la plus douce
bienveillance. Le roi, ayant salué M. de Verninac, lui dit : « Monsieur, je suis heureux
« de pouvoir vous annoncer le premier que
« vous êtes capitaine de corvette. » Le même
jour, M. Joannis, lieutenant de vaisseau, second du bord, et moi, fûmes nommés cheva-
liers de la légion d'honneur. Nous avons à re-

gretter que M. Jaurès, dont l'activité durant l'expédition a été telle qu'il en a contracté une maladie grave, n'ait pas été compris dans les faveurs royales ; mais nous espérons qu'à son retour à Paris il recevra du monarque une justice qui n'aura été que tardive.

Le lendemain, jour de notre réception, nous nous rendîmes le matin à bord de la frégate *l'Atalante*, où le roi, la reine, les princes, les princesses, les ministres de la guerre et de la marine et les généraux à la suite de Sa Majesté étaient réunis. Là, le roi nous fit appeler chacun à notre tour, et nous remit lui-même la décoration. En me présentant la mienne, Sa Majesté eut la bonté de me dire : « Monsieur, « je suis heureux de trouver une occasion « pour vous témoigner toute ma satisfaction de « la conduite honorable que vous avez tenue « pendant la belle campagne de Loûqsor. » Ces paroles bienveillantes du monarque me permirent à peine de le remercier et de lui dire que je ferais tous mes efforts pour me rendre digne de la récompense flatteuse qu'il daignait m'accorder.

Un dîner splendide, auquel nous invita

Sa Majesté, eut lieu dans une des salles de l'arsenal, et termina cette brillante journée.

Le 12 septembre, à deux heures de l'après-midi, *le Louxor*, remorqué par *le Sphinx*, alla gagner le Hâvre-de-Grâce, où ce navire, qui ne pouvait aller plus avant, fut remplacé par le bateau à vapeur *Héva*. A six heures, notre bâtiment quitta la mer pour toujours et entra dans la Seine. A midi, nous avions franchi toutes les barres de l'embouchure du fleuve, et le 14 septembre à midi nous arrivâmes à Rouen, où *le Louxor* fut amarré devant le quai d'Harcourt. C'est là que nous attendrons que les pluies d'automne, en élevant les eaux de la Seine, permettent de transporter jusqu'à Paris cette pyramide, objet de notre expédition.

Ce monument n'est pas le seul dont nous ayons fait la conquête. MM. les officiers du *Louxor* ont été assez heureux pour découvrir un superbe sarcophage dont il leur a en quelque sorte fallu deviner la présence au fond d'un puits profond de cent vingt-cinq pieds et recouvert d'une voûte en briques, en-

combré de terre et de pierres, et qui aboutis-
sait à deux chambres voûtées, dont la seconde
contenait le sarcophage.

Ce morceau est en basalte du plus beau
travail, recouvert intérieurement et extérieurement d'inscriptions hiéroglyphiques. Au
fond de la partie inférieure est sculptée une
figure couchée sur le dos, laquelle est représentée de profil à l'extérieur du couvercle;
toutes ces sculptures sont on ne peut mieux
conservées. Il paraît, d'après les conjectures de
M. Champollion-Figeac, que c'était le tombeau
de la reine Onkh-Nas, femme d'Amasis et fille
de Psamméticus II, dont Amasis avait usurpé
la couronne.

Ce tombeau, ainsi que beaucoup d'autres, avait été violé lors de l'envahissement
de l'Égypte par les Perses, sous Cambyse.
Pour en soulever le couvercle, les Perses
avaient dû briser un coin de la cuvette inférieure, et l'on a même retrouvé le levier en
sycomore qui, il y a deux à trois mille ans,
avait servi à cette profanation. On a même retrouvé aussi, en dehors et près du tombeau,

les ossements de la momie, qui, selon la tradition, avait été brûlée par les Perses; des
parties de ces os portaient encore les traces
de l'or dont toute la momie était recouverte,
et dont les parcelles avaient échappé à la
combustion.

La voilà terminée, cette expédition hardie
qui va enrichir notre capitale d'un nouveau
monument. Il va faire son entrée, apportant
avec lui des inspirations pour les arts et des
souvenirs pour l'histoire. Beau comme le génie antique et vieux comme le monde civilisé,
il a assisté aux premiers triomphes connus, a
survécu au grand désastre de la puissance
égyptienne, et depuis a vu s'écouler des siècles sans fin, qui ont autour de lui semé la
destruction; enfin, dérobé par nos soins aux
menaces du temps, il vient se naturaliser chez
nous, et renouveler pour ainsi dire dans nos
murs son brevet d'immortalité. Érigé sur une
de nos places, il sera là comme l'héritage
d'une ville déchue, recueilli par une ville flo-

rissante. Le Français, à la vue de cette illustre pyramide, qui vient nous entretenir de génie créateur et de valeur militaire, qui vient associer sa gloire à toutes les nôtres, croira reconnaître en elle un monument national.

DÉVELOPPEMENTS HISTORIQUES

SUR LE SARCOPHAGE

DE LA REINE ONKH - NAS.

Ce monument, dont nous avons parlé à la page 117, porte sur son couvercle des inscriptions hiéroglyphiques dont le sens, bien déterminé par M. Champollion-Figeac, jette un grand jour sur un point important de l'histoire ancienne. Ce savant archéologue, après avoir interprété les cartouches qui revêtent le sarcophage et avoir levé toute incertitude sur le rang généalogique de la reine Onkh-Nas, femme d'Amasis, dans les dynasties égyptiennes, ajoute :

« De cette détermination naissent une foule de notions historiques dont les unes confir-

ment les narrations d'Hérodote sur l'histoire
de l'Égypte, au moment de l'invasion de Cambyse et pendant son occupation par les Perses, et dont les autres nous révèlent encore
des faits intéressants, inconnus à l'historien
grec, que du moins il n'a pas rapportés, et
qui sont tout-à-fait nouveaux pour nous. En
voici le sommaire :

« Psamméticus II, fils de Néchao II, eut de
sa femme Nitocris deux enfants, Apriès, qui
lui succéda comme roi, et une fille, celle
pour qui fut fait notre magnifique sarcophage. Un Égyptien d'origine plébéienne,
Amasis, usurpa la couronne sur Apriès, le fit
mourir de mort violente, et épousa la prin-
cesse sœur d'Apriès, comme pour légitimer
son usurpation, en Égypte les filles succé-
dant à la couronne à défaut d'enfants mâles,
et le mari gouvernant au nom de la reine.
C'est sur la fin du règne de cet Amasis que
Cambyse entreprit l'invasion de l'Égypte, et
il l'accomplit durant les six mois du règne de
Psamménite, fils et successeur d'Amasis. Hérodote raconte que cet Amasis avait *épousé*
une femme grecque de Cyrène, nommée La-

dicé, et que Cambyse, maître de l'Égypte, la renvoya honorablement à sa famille. Notre sarcophage et les bas-reliefs historiques de Karnac prouvent que la véritable femme d'A-masis fut la fille du roi Psamméticus II et sœur d'Apriès; son sarcophage, sépulture vraiment royale, prouve aussi qu'elle mourut au temps de la splendeur du règne d'Amasis, son mari; la Cyrénéenne Ladicé n'est nom-mée, comme reine ou comme femme d'Ama-sis, dans aucune liste des familles royales d'Égypte, ni sur aucun monument; Ladicé ne fut donc la femme d'Amasis que comme *toutes les autres* auxquelles Hérodote dit qu'Amasis préféra ouvertement la Cyré-néenne. Cambyse ne vit ni Amasis, ni la reine sa femme; aucun monument ne donne à La-dicé ni l'un ni l'autre de ces deux titres : c'est donc d'après ces notions nouvelles que le ré-cit d'Hérodote doit être entendu et modifié dans son expression.

« Le même historien rapporte que Cam-byse, se livrant à d'ignobles vengeances con-tre Amasis, fit retirer la momie de ce roi de son tombeau à Saïs, le fit battre de verges et

percer de coups d'aiguilles, voulut qu'on lui
arrachât les cheveux, et le fit brûler. Quant
à la reine sa femme, l'historien n'en parle
pas, et elle ne pouvait en effet être associée
aux outrages qu'essuya le corps de son mari à
Saïs, puisqu'elle était enterrée à Thèbes.
Cette circonstance la préserva-t-elle des fu-
reurs du vainqueur? On va voir que non, et
c'est un fait de plus à ajouter aux témoigna-
ges historiques de la démence furibonde de
Cambyse.

« Lorsque Cambyse alla à Thèbes pour diriger son expédition militaire contre les Am-
moniens et les Éthiopiens, aux ravages dont
il affligea cette capitale de l'Égypte, il ajouta
d'autres excès; à Thèbes, comme il le fit à
Memphis, selon le rapport d'Hérodote, il
viola aussi les tombeaux, et voulut voir les
corps qu'ils renfermaient; il s'attacha particulièrement à celui de la femme d'Amasis,
voulut aussi voir sa momie, lui prodigua les
mêmes outrages qu'à celle d'Amasis, et la fit
également brûler. Voilà un supplément au-
thentique au troisième livre d'Hérodote, et
au récit de Diodore de Sicile, en ce qu'ils di-

sent l'un et l'autre des actions de Cambyse
maître de l'Égypte , et dont la fureur s'exerça
à la fois sur les morts et sur les vivants, à Thèbes comme à Memphis ; et à l'appui de cette
assertion, vient directement cette autre circonstance que les chambres du tombeau violé
avaient été soigneusement et très-ancienne-
ment refermées avec de grosses pierres , ainsi
que l'ouverture du puits funéraire ; répara-
tions pieuses qui ne peuvent être attribuées
ni aux hommes de Cambyse, ni aux fouilleurs
modernes ; elles doivent être l'ouvrage des
princes des 28ᵉ et 29ᵉ dynasties égyptiennes
qui régnèrent malgré les Perses, et rétablirent
autant qu'elles le purent les honneurs des
dieux de la patrie et des princes leurs ancêtres.

« L'époque de la mort de la reine Onkh-
Nas se place entre les années 567 et 525 avant
l'ère chrétienne ; c'est le temps du règne d'A-
masis, pendant lequel la reine mourut et fut
inhumée à Thèbes ; ce fut dans l'année sui-
vante, en 524, que Cambyse alla dans cette
capitale et y prodigua l'insulte et l'ironie aux
dieux et aux rois de l'Égypte. C'est dans cette

même circonstance que le sarcophage de la reine Onkh-Nas dut être violé ; et la restauration de cette sépulture ne put être faite que plus de 120 années plus tard , le pharaon Amyrtée n'ayant rétabli le pouvoir royal qu'après la mort du roi de Perse Darius II.

« Notre sarcophage est donc un ouvrage du VIe siècle avant l'ère chrétienne. C'est un monument éminemment historique, et une conquête nouvelle du plus haut intérêt pour les études archéologiques. »

EXPLICATION DÉTAILLÉE

DES

TRAVAUX D'ABATTAGE.

———————

M. Verninac plaça son navire le nez à l'est, c'est-à-dire tourné directement du côté de la pyramide qu'il voulait embarquer. Quand *le Louxor* fut établi, on l'ensabla tout autour de sa carène à une hauteur de quelques pieds, pour qu'il ne pût subir aucun mouvement d'oscillation d'avant en arrière ou de droite à gauche; puis on y fit une tente de nattes de joncs pour l'abriter par dessus et de côté de l'ardeur du soleil, qui l'aurait fendu et dévoré, après on le démâta avec des bigues, pièces de bois disposées en X, aux jambages inférieurs très allongés, enfin on le vida complétement.

Le lit ou cale sur lequel *le Louxor* était assis, avait été préparé par M. l'ingénieur Lebas. On coupa une tranche du bâtiment de l'avant à l'arrière; cette tranche, faite tout simplement par un trait de scie, était longue de trois mètres. La tranche ôtée fut soulevée par des palans. Il avait fallu aussi faire un plan incliné du Nil à l'obélisque, parallèlement aux pylônes du temple, et il n'y avait pas moins de trois cent soixante-douze mètres de terrain à creuser et à unir.

Les préparatifs de l'abattage durèrent du 11 juillet au 31 octobre.

La première pensée de M. Lebas fut de préserver le monument contre les accidents qui pourraient l'altérer, soit pendant le halage sur le sable, soit à bord pendant la traversée, soit enfin à Paris, pendant l'opération du débarquement. L'ingénieur recouvrit donc le monolithe, depuis sa base jusqu'au pyramidion, d'une chemise de planches épaisses de trois pouces, qui, ne pouvant être retenue au granit par des chevilles et des clous, le fut à l'extérieur de l'enveloppe par des traverses de bois boulonnées. La face ouest de ce linceul,

celle sur laquelle devait se traîner l'obélisque,
et sur laquelle il est couché dans *le Louxor*,
fut garnie de manière à devenir une surface
polie qu'on suiferait pour atténuer les frottements.

Cela fait, M. Lebas entailla un peu la boîte.
de l'obélisque à son arête supérieure ouest,,
et la garnit d'une pièce de bois de chêne creusée, afin que le monolithe pût tourner dans
cette espèce de charnière pendant l'abattage.

De fortes pièces de bois rond, au nombre
de huit (des bigues), un peu plus hautes que
la pyramide à renverser, furent établies, quatre de chaque côté (nord et sud) de l'obélisque, parallèlement entre elles, mais inclinées
de trois degrés par rapport à l'axe de la
pierre et en avant de sa base de plusieurs
pieds.

Les extrémités inférieures de ces bigues furent arrondies comme des rotules, pour
tourner sur une plateforme supportant un
plançon auquel venaient aboutir ces bigues
de retenue. La plateforme était composée
de quatre grandes pièces allant du nord au
sud, dans le sable creusé jusqu'à niveau du

9

socle, et fixées par dix-huit pièces perpendiculaires à celles-là. Devant, c'est-à-dire à l'ouest de la première plateforme, étaient deux autres systèmes de pièces de bois, mais plus petites et seulement aux extrémités de la grande plateforme. Huit pièces ou pilotis solides retenaient ces petits planchers à claire-voie, liés au premier par des pièces superposées, obliques, en nombre égal à celui des bigues, et aboutissant au pied de chacune d'elles.

Dans le creusement du sable fait avant tout, autour de l'obélisque pour le dégager, deux murs furent construits, adhérant au sable, l'un par sa face ouest, l'autre par sa face est, c'est-à-dire en regardant le nord, l'un à gauche, l'autre à droite du monument. C'était sur le premier de ces murs que devait s'opérer l'abattage; il avait été garni en haut, au niveau du sol, d'un tronçon de mât propre à favoriser le mouvement de bascule qu'il faudrait plus tard faire faire à l'obélisque pour l'étendre sur les tabliers où il devait marcher. Le second mur avait été fait pour retenir le terrain et supporter un mât, au

travers duquel devaient passer les cordes des
palans.

Les têtes de bigues liées entre elles par
deux forts madriers, à l'est et à l'ouest, reçurent autant de palans de retenue qu'il y avait
de bigues. Donc, huit forts palans furent in-
stallés à l'est, disposés de manière que leurs
cordons, en sortant des poulies fixées à terre,
vinssent faire deux tours chacun, dans la
gorge d'un treuil, et sortant de là allassent se
tourner encore sur un mât, puis traversant
un autre mât (celui que supportait le mur de
l'est) et aboutissent enfin aux mains de huit
matelots. Cette combinaison de frottements
fut si parfaite, que les huit marins suffirent,
en filant avec économie, constamment et sans
secousse, chacun son garant de palan, à
maintenir dans leur position de rotation des
bigues qui supportaient l'obélisque, et voici
maintenant comment elles le supportaient.

A la tête de la pyramide, trois pieds environ au-dessus de la base du pyramidion, qui
lui-même a quatre pieds et demi de hauteur,
de fortes cordes furent passées en cravates
croisées, dont les extrémités allèrent s'amar-

rer aux traverses qui réunissaient en haut les
bigues, la première des cordes partant de
l'extrémité sud des traverses pour aller passer
aux angles nord-est et nord-ouest de l'obélisque, faire le tour par les deux angles opposés,
et venir s'attacher à l'extrémité nord des traverses. Ainsi de suite pour les autres. Cette
réunion de huit X annulaires dans la partie
ouest de l'appareil et retenus entre eux par
des amarrages, présentait une résistance considérable, et il fallait qu'elle le fût puisqu'elle
devait, dans la rotation des bigues et de
l'obélisque auquel ces bigues étaient, comme
vous voyez, invariablement attachées, supporter tout le poids du monolithe et tout l'effort
de la puissante corde d'abattage.

Cette corde, capelée (tournée) autour de
l'obélisque immédiatement au-dessus des
cravates de retenue, allait à l'ouest, doublée
dans toute sa longueur par elle-même,
comme une cravate simple aux bouts parallè-
les et joints, et se fixait sur un large anneau
de corde et de bois inscrit auquel étaient
amarrées trois caliornes ou grands palans.
C'étaient ces trois caliornes qui, par la tension

de leurs garants (les cordons), devaient rapprocher leurs poulies est de celles ouest, c'est-à-dire tendre la corde d'abattage, et par conséquent faire pivoter sur son socle la pyramide, et sur leurs rotules les bigues de retenue. Les garants des caliornes étaient tournés à trois cabestans, dont l'un directement planté en terre à l'ouest, l'autre au sud-ouest, et le dernier au nord-ouest.

Des deux points d'appui à donner à tout ce système de force et de résistance, celui de la force d'abattage fut pris en terre ; M. Lebas enfonça deux ancres à l'ouest, qu'il fixa non seulement par la profondeur de leur enterrement, mais encore par des pieux, une maçonnerie et des charges considérables. Ces deux ancres servirent de points d'attache aux trois caliornes qui devaient agir sur la corde de renversement. A l'est, c'est-à-dire au côté de la retenue, le point d'appui fut simple encore et plus facile à trouver. La base du second obélisque, un peu dégagée de son ensablement, le fournit à l'ingénieur. Ainsi, des ancres pour point d'appui aux trois caliornes ; trois caliornes pour forcer l'abattage ;

une longue corde estropée à la tête de l'obélisque; l'obélisque debout encore, emmail-
lotté dans un suaire de sapin, lequel est fermé
par des traverses de bois de chêne et bou-
lonné en fer, dégagé à son pied du sable et de
la terre qui cachaient avant l'opération tout
son socle double [1], retenu à l'est par une
chaîne frappée à sa base, et prêt à tourner sur
la charnière de bois de son socle; huit bigues
posant sur une plateforme, où elles pourront décrire un quart de cercle d'est en ouest;
deux solives jumelles liant les têtes de ces bigues; huit cravates croisées, allant de la tête
des bigues au col de l'obélisque, qu'elles
étranglent; huit forts palans de retenue; dont
les cordes s'enroulent sur un treuil, et vont
chercher des frottements nouveaux sur un

---

[1] L'obélisque était monté sur deux socles : le premier, celui qui reposait immédiatement sur le sol
maçonné et dallé, était en grès, de trois morceaux;
le deuxième était d'un seul bloc de granit rose. La
restauration du monument à Paris devrait être faite
dans cette donnée. Le premier socle avait une ceinture hiéroglyphique très profonde ; sur le second
étaient huit singes papions.

premier tronçon de mât et dans les mortaises
obliques d'un second tronçon; deux murs,
dont un soutient la terre à l'est, et l'autre sou-
tiendra l'obélisque descendant à l'ouest; enfin, l'obélisque de l'est servant de point d'appui à tout l'appareil de retenue. Tel est l'état
des choses le 31 octobre, après trois mois et
demi de travaux et de fatigues.

Mais, l'obélisque équipé, tout n'est pas
fini : il faut l'abattre. On y procède; les cabestans sont garnis et armés d'hommes pour
virer; huit matelots sont mis aux palans de
retenue pour filer à mesure que la pyramide
s'inclinera à l'ouest. En vingt-cinq minutes
l'obélisque a touché le mur où il doit se re-
poser. Tout a craqué sous les efforts des deux
puissances agissantes pour l'équilibre; mais
rien n'a cassé.

L'obélisque incliné contre son mur de sou-
tien fait environ un angle de vingt degrés avec
le plan sur lequel il doit glisser; il faut donc
le faire basculer en élevant sa base et abais-
sant son pyramidion. Un mur construit sur
le socle que n'a point abandonné, avec l'arête
ouest de sa base, l'obélisque abattu, va faciliter l'opération, en le retenant comme point

de résistance à l'est, en l'aidant à monter parce qu'il a la forme circulaire concave, et qu'il est comme un cercle dans lequel tournerait un rayon. Du 31 octobre au 18 novembre on travaille à faire basculer l'obélisque.

Voilà ce monolithe couché sur la voie qu'il va parcourir. Sa face ouest a été suifée; on graisse aussi le système de tabliers, de tréteaux, qui vont faciliter la marche de ce poids de 250 mille kilogrammes qu'il faut embarquer. Ces tabliers sont au nombre de quatre. Chacun est composé d'un plancher solide, sur lequel sont des solives fortes et bien attachées, le long desquelles glissera l'obélisque. Quand un de ces tabliers aura été quitté par la masse de la pyramide, il sera promptement reporté devant, afin qu'il y ait toujours une longue surface de bois graissé sous l'obélisque marchant à l'ouest. Des palans, quatre cabestans, beaucoup d'hommes et la masse entre en mouvement. La distance qu'elle a à parcourir est de 372 mètres. Il fallut un mois pour faire franchir cette distance à l'obélisque, halé pendant près de quinze heures chaque jour.

Le 19 décembre, le sommet du pyramidion

était arrivé à l'huis béant du navire, dont l'avant a été scié. Introduire l'obélisque était chose difficile ; M. Lebas en vint cependant promptement à bout. Il fit à l'arrère du bâtiment deux trous par lesquels passèrent deux caliornes frappées sur des chaînes amarrées à des ancres, enfoncées à l'ouest dans la terre, et retenues par des charges considérables et des piquets profondément fichés dans le sol. Ces caliornes firent effort ensemble avec des cabestans, et, en deux heures seulement, l'obélisque fut placé sur les carlingues du *Louxor*.

Du 19 au 25 décembre, la tranche enlevée fut rapprochée de l'avant du navire, on reconstruisit le navire pour le rendre à son état primitif. Alors le bâtiment, réduit pendant long-temps à sa caisse, fut emménagé, remâté, dégagé du sable qui l'entourait, et le Nil croissant vint le prendre où il l'avait déposé quatre mois auparavant.

FIN.

EXPLICATION

DES PLANCHES.

———◦———

PLANCHE Iʳᵉ.

Vue des quatre faces de l'obélisque, avec les inscriptions hiéroglyphiques.

PLANCHE II.

Fig. 1. Projection verticale de l'appareil qui a servi à abattre l'obélisque occidental de Louqsor.

    2. Projection horizontale du treuil, des garants et des retours.

    3. Projection horizontale de l'appareil.

    4. Projection verticale des apparaux de retenue.

    5. Tréteau sur lequel glisse le monolithe.

    6. Base de l'obélisque sur une échelle triple.

    7. Projection du treuil sur une échelle triple.

LÉGENDE.

A. Pièce en chêne encastrée sous la base, servant de tourillon pour fixer l'arête inférieure de la pyramide, et pour empêcher le glissement du revêtement.

B. Bigues sur lesquelles sont fixés les haubans et les apparaux de retenue.

b. Plançon arrondi sur trois faces, qui lie les pieds des bigues et qui est susceptible de tourner.

C. Cabestans destinés à servir de point d'appui aux tourillons du treuil.

ç. Chaîne en fer entourant le socle et le mât pour consolider le dernier.

D. Système de charpente établi pour s'opposer au glissement de l'obélisque.

E. Grand estrop frappé sur la tête de l'obélisque.

F. Tréteau sur lequel glisse le monolithe.

g. Point d'appui des apparaux.

H. Haubans fixés d'une manière invariable sur l'extrémité des bigues et sur la tête de l'obélisque.

h. Apparaux d'abattage.

K. Projection de l'obélisque abattu sur 30 degrés.

L. Ancres où sont frappées les poulies d'abattage.

M. Mât sur lequel on tournait les retours des apparaux.

N. Plateforme qui supporte le plançon *b* des bigues de retenue.

O. Obélisque armé de son revêtement.

P. Pylônes du temple.

R. Apparaux de retenue.

T. Treuil sur lequel s'enroulaient les cordons des palans de retenue.

U. Tronçon de mâture servant d'axe de rotation.

V. Gercure qui unit les deux fentes que l'on trouve sur les faces est et ouest de l'obélisque.

X. Mortaises à double queue d'aronde pratiquées dans la base pour recevoir un dé en bois destiné à empêcher l'écartement des faces du monolithe.

Z. Chemin construit pour conduire l'obélisque.

PLANCHE III.

(On suppose dans cette planche que le pont du navire est enlevé, pour éviter d'indiquer toutes les parties situées dans la cale.)

Fig. 1. Coupe du bâtiment suivant la ligne X x.

2. Coupe suivant le plan longitudinal du navire.

3. Projection horizontale et verticale sur une échelle double qui indique la manière dont on a raccordé le dernier tréteau avec les carlingues du navire.

4. Projection horizontale de l'appareil employé pour l'embarquement de l'obélisque.

LÉGENDE.

A. Obélisque armé de son revêtement.

B. Tréteaux sur lesquels glisse le monolithe.

C. Apparaux de traction.

D. Cabestans.

E. Cylindres sur lesquels sont fixées les poulies d'apparaux.

F. Grand estrop qui embrasse l'obélisque et le cylindre E.

G. Chaînes en fer qui entourent la pièce E.

H. Trous pratiqués à l'arrière du navire pour le passage des chaînes.

j. Ancres servant de point d'appui aux deux chaînes.

K. Mur en pierre pour empêcher la chaîne de raguer sur le navire, et pour servir en même temps de retenue dans le cas où les ancres viendraient à chasser.

L. Carlingues du navire.

M, N, O. Section faite dans le bâtiment par un trait de scie.

P. Tranche de l'avant résultant de cette section.

Q. Bigues mâtées en croix de Saint-André, pour suspendre l'avant du navire.

R. Remplissage mil en maille après l'extraction de la tranche, qu'on a goujonné avec le couple avant du navire et le couple arrière de la partie enlevée.

T. Arcs-boutans placés de chaque côté de l'o-
bélisque pour le maintenir en direction.

U. Bout d'avant-cále construit avec des pierres
et de la terre grasse.

V. Position de l'obélisque dans l'intérieur du
navire après son embarquement.

FIN DE L'EXPLICATION DES PLANCHES.

www.ingramcontent.com/pod-product-compliance
Lightning Source LLC
Chambersburg PA
CBHW052345090426
42739CB00011B/2323

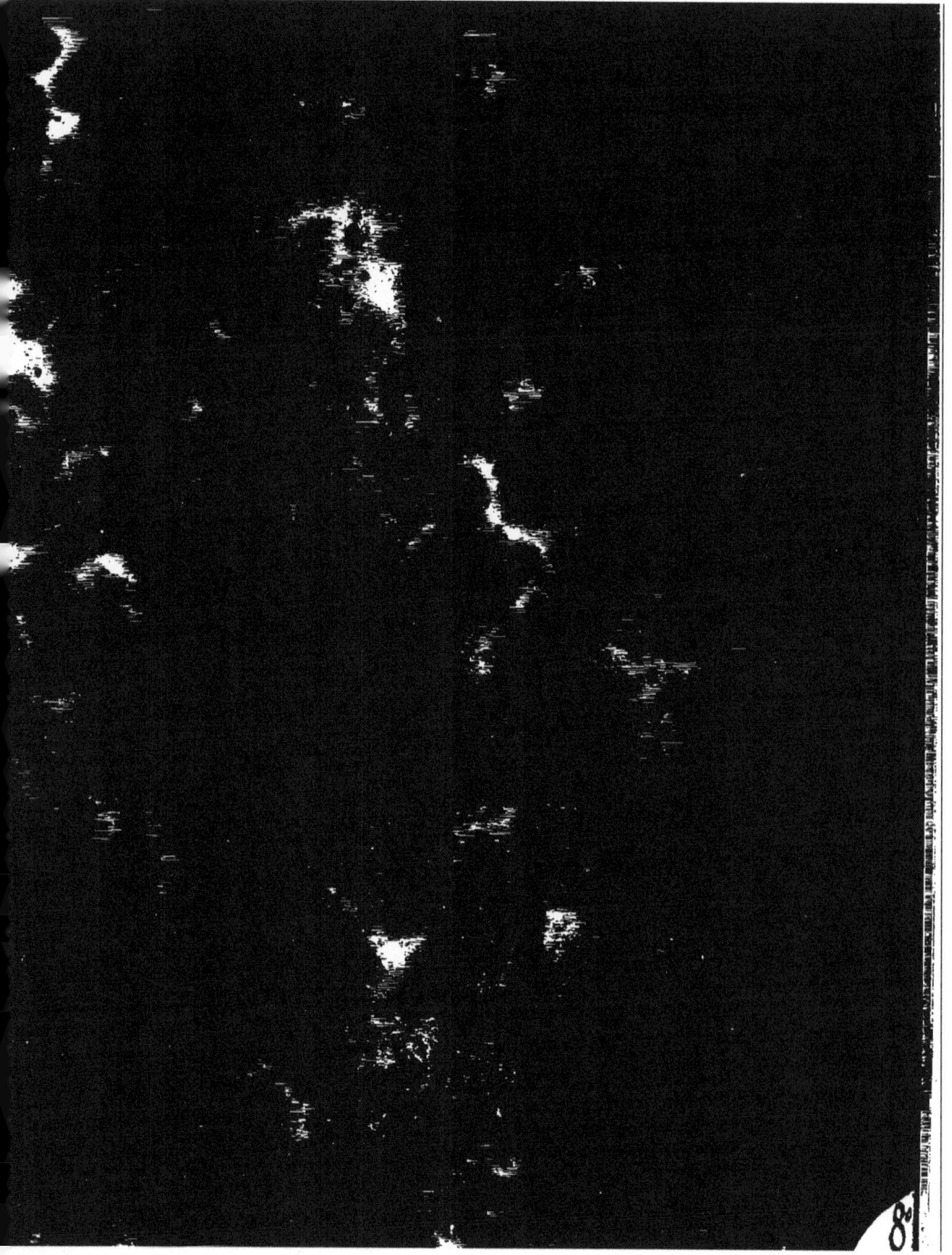